诺贝尔评传

于元　编著

中华工商联合出版社

图书在版编目（CIP）数据

诺贝尔评传 / 于元编著 . -- 2 版 . -- 北京 : 中华工商联合出版社 , 2018.7（2021.7 重印）

ISBN 978-7-5158-2370-6

Ⅰ . ①诺… Ⅱ . ①于… Ⅲ . ①诺贝尔（Nobel, Alfred Bernhard 1833-1896）—评传 Ⅳ . ① K835.326.13

中国版本图书馆 CIP 数据核字（2018）第 133976 号

诺贝尔评传

编　　著：于　元
责任编辑：林　立　崔红亮
装帧设计：北京东方视点数据技术有限公司
责任审读：魏鸿鸣
责任印制：迈致红
出版发行：中华工商联合出版社有限责任公司
印　　刷：唐山富达印务有限公司
版　　次：2018 年 8 月第 1 版
印　　次：2021 年 7 月第 3 次印刷
开　　本：710mm × 1020mm　1/16
字　　数：100 千字
印　　张：9
书　　号：ISBN 978-7-5158-2370-6
定　　价：78.00 元

服务热线：010-58301130
销售热线：010-58302813
地址邮编：北京市西城区西环广场 A 座
19-20 层，100044
http: //www.chgslcbs.cn
E-mail: cicap1202@sina.com（营销中心）
E-mail: gslzbs@sina.com（总编室）

序

这套励志书由两部分内容组成，一是大师传记，二是名家文集。前者记述大师的人生事迹，评点他们的精彩瞬间；后者辑录名人的文章言论，展示他们的才华睿智。所选者，无不是成功的人生，无不是为后人所推崇和敬仰的人。对于我们每一个人来说，他们都是后人追求的榜样，励志的灯塔。其实，古往今来，所有的成功者，他们的人生和他们所激赏的人生，不外是："有志者，事竟成。"

励志是动宾结构的词，励是磨砺，志是志向，放在一起就是磨砺志向。所以说，励志不是简单的立志，是要像把刀放在石头上磨才能锋利一样，这个磨砺，也不是轻而易举地摩擦一下，而是要下力气的，对刀来说，不仅要把自身的锈磨掉，还要把多余的部分都要毫不留情地磨掉，这简直是一场磨难。所有绚丽的人生都是用艰难磨砺成的，砥砺生命放光华。可见，励志至少有三层意思：

一是立志。国人都崇拜的一本书叫《易经》，那里面有一句话说："天行健，君子以自强不息。"这是一种天人合一的理念，它揭示了自然界和人类发展演化的基本规律，所以一切圣贤伟人无不遵循此道。当然，这里还有一个立什么样的志的问题，孔子说：“士不可以不弘毅，任重而道远。”古往今来，凡志士仁人立的都是天下家国之志。李白说：大丈夫必有四方之志，白居易有诗曰：丈夫贵兼济，岂独善一身，讲的都是这个道理。

二是励志。有了志向不一定就能成事，《礼记》里说：“玉不琢，不成器。”因为从理想到现实还有很大的距离。志向须在现实的困境中反复历练，不断考验才能变得坚韧弘毅，才能一步一个脚印地逐步实现。所以拿破仑说：真正之才智乃刚毅之志向。孟子则把天将降大任于斯人描述得如此艰难困苦。我们看看历代圣贤，从三大宗的创始人耶稣、默哈穆德、释迦牟尼到孔夫子、司马迁、孙中山，直至各行各业的精英，哪一个不是历经磨难终成大业，哪一个不是砥砺生命放射出人生的光芒。

三是守志。无论立志还是励志都不是一朝一夕、一蹴而就的，它贯穿了人的一生，无论生命之火是绚丽还是暗淡，都将到它熄灭的最后一刻。所以真正的有志者，一方面存矢志不渝之德，另一方面有不为穷变节、不为贱易志之气。像孟子说的那样：“富贵不能淫，贫贱不能移，威武不能屈。”明代有位首辅大臣叫刘吉，他说过：“有志者立长志，无志者常立志。”这话是很有道理的。

话说回来，励志并非粘贴在生命上的标签，而是融汇于人生中一点一滴的气蕴，最后成长为人的格调和气质，成就人生的梦想。不管你做哪一行，有志不论年少，无志空活百年。

希望你能喜爱这套励志书，让它点燃你的生命之火，让人生变得更加绚烂。

徐　潜

前　言

阿尔弗雷德·伯纳德·诺贝尔，1833 年出生于瑞典的斯德哥尔摩。父亲伊曼纽尔喜欢研究炸药，在父亲的熏染下，诺贝尔也迷上了炸药研究。

1841 年，8 岁的诺贝尔进了学校，但他只读了一年，这也是他一生中唯一一次接受的正规学校教育。这期间，父亲去了俄国研制炸药。1842 年，他们全家迁往俄国的圣彼得堡。父亲给他请了家庭教师，教他俄文。通过刻苦攻读，诺贝尔通晓了俄语、法语、德语和英语，并能用这些语言写作。诺贝尔 17 岁时，父亲鼓励他去各个国家旅游和学习，增长知识和见闻。于是，诺贝尔开始了为期两年的求学旅行，第一站是瑞典，接着到了丹麦、德国、法国、英国和美国。结束后，他回到彼得堡，开始在父亲的工厂帮忙。在帮忙的过程中，诺贝尔发明了炸药，一举成为轰动世界的人，他拥有了无数的金钱，开了好多工厂。

他一生未婚，但至少谈过三次恋爱。初恋是在俄国，但女孩拒绝了他的求婚；第二次他爱上了自己的秘书，但秘书另嫁他人；

第三次是一场持久的异地恋，18 年里，他们互通书信，在信中他将女孩称为“诺贝尔夫人”，但最后依旧无果而终。

诺贝尔去世的时候，身边并无亲人。他列好了遗嘱，并给自己最信任的助手写了信。遗嘱中，他表示要将自己的全部遗产当作奖金，赠予那些对人类有极大贡献的人士，于是“诺贝尔奖”就此诞生。

诺贝尔是一个个性独特、心地善良、才华出众、敏感、孤独、成功、伟大，但又充满悲剧性的人。他一生成果斐然，但孤独而终，他将自己的全部生命奉献给了人类的进步事业，他的一生是奋斗的一生，他的探索精神和持之以恒的勇气，值得每一位读者尊重和学习。

目　录

伟人的童年

降　生

1833年10月31日，阿尔弗雷德·伯纳德·诺贝尔在瑞典斯德哥尔摩降生了。

瑞典又称瑞典王国，是北欧最大的国家。由于瑞典纬度较高，天气寒冷，因而农业比重较小，但工业发达且种类很多。

斯德哥尔摩地处波罗的海和梅拉伦湖交汇处，被称为“北方威尼斯”。1463年，斯德哥尔摩被定为瑞典首都，并逐渐发展成为瑞典的第一大城市。在老城区，大街小巷都用石头铺路，最宽处不过5至6米。瑞典王宫、皇家歌剧院、皇家话剧院、议会大厦，以及斯德哥尔摩市政厅等中世纪的建筑都聚集在老城区。而在新城区，则是高楼林立，街道整齐，临湖一带的景色极为优美。

在瑞典斯科纳省的东诺贝洛夫，一位名叫奥鲁夫的农民有个喜好音乐并渴求知识的儿子——彼得·奥鲁夫逊。17世纪70年代，他离开农村，到瑞典北部的乌普萨拉去学习。1682年，他进入乌普萨拉大学法律系攻读。在取得法律学位之后，他被任命为乌普萨拉附近一个县法院的法官，并在1696年同鲁德伯克的女儿温德拉结了婚。

彼得·奥鲁夫逊的大儿子——外科医生伊曼纽尔·诺贝利叶斯（1757—1872）在战争时期作为军医服役时，将自己的姓改为诺贝尔，他是一位发明家，也是阿尔弗雷德·诺贝尔的祖父。

1815年，外科医生的儿子——14岁的伊曼纽尔·诺贝尔当了一名船员。上船后，随着货船穿过北海，沿着大西洋南行，通过直布罗陀海峡进入了地中海。无边无际的大海开阔了伊曼纽尔的胸襟，在地中海沿岸各国的见闻增长了他的知识，船上各种性能的机械他更是爱不释手。

1818年，在海上度过3年动荡的生活后，伊曼纽尔回到故乡，进了一所建筑专科学校读书。在校期间，他对制图和机械很感兴趣，曾三次获得建筑师奖，并一直靠奖学金读书。他在校期间设计的高楼和大桥很受欢迎。

伊曼纽尔赶上了好时代，这时正值瑞典国王卡尔十四世在位期间。1818年2月5日，贝尔纳多特成为瑞典国王，史称“卡尔十四世”，在位时间直至1844年。他是一位温和的统治者，为瑞典的现代化做出了许多贡献。卡尔十四世对外主张与俄国友好，开展两国贸易，调解边界纠纷；对内则采取各种措施，加强民族团结。19世纪20年代以后，在卡尔十四世的努力下，瑞典资本主义经济迅速发展。卡尔十四世大刀阔斧地进行行政、军事、财政和税收制度等方面的改革，提高了瑞典的国际地位。

毕业后，伊曼纽尔在斯德哥尔摩参与了许多建设项目和市政建筑工程。他还设计了活动木屋，造过各种式样的浮桥。从此，作为一名建筑师，伊曼纽尔开始崭露头角。

1828 年，伊曼纽尔发明了“诺贝尔机械运动器”，这是一种将循环运动改变为前后运动的机器。根据这种机器的原理，后来造出了具有十个滚轮的碾压机。这项发明受到国家的认可，很快取得了专利。不久，他还研制出性能各异的机床。

渐渐地，伊曼纽尔迷上了研究、实验和发明，他一头钻进实验室，一门心思扑在科研上。人们见他那股着迷劲，都称他为“发明狂人”。这时，一个温柔美丽的姑娘卡罗琳·安德里特看中并嫁给了他，这便是诺贝尔的母亲。

卡罗琳出身于瑞典北部一个富裕的农民家庭。她温良贤淑，很有智慧，深受邻里喜爱，不仅是位好妻子，更是位好母亲。她虽然身材瘦小，却精力充沛，似乎永远不知道疲劳为何物。

结婚后，他们搬进一座舒适的公寓，伊曼纽尔有了自己的工厂。在随后的五年里，他们生了两个儿子：罗伯特和路德维希。

1833 年，一场大火烧掉了伊曼纽尔的工厂。意外事故使伊曼纽尔破产了，于是全家不得不搬进郊外一所又小又破的房子，诺贝尔就诞生在这里。

诺贝尔出生后身体十分虚弱，动不动就感冒发烧，有时候还伴有痉挛。

母亲对弱小的诺贝尔呵护备至，为他费尽了心血。在母亲的精心照料下，诺贝尔总算侥幸地活了下来，并一天天长大了。但他一直身体虚弱，面色苍白。

斯德哥尔摩靠近北极圈，冰雪多，气温低。体弱的诺贝尔怕冷，一年四季总是待在屋子里，很少到室外去。

父亲伊曼纽尔对诺贝尔的影响很大，诺贝尔会说话后，伊曼纽尔常把他抱在膝上，给他讲科学家的故事。这让诺贝尔对发明产生了极大的兴趣，对科学家也无限崇拜。他总是在想那些别人从来没有想过的事，一心想用自己的智慧和努力制造出世界上从来没有的东西，成为一名科学家，为人类造福。

这样，父亲成了诺贝尔的启蒙老师，使诺贝尔最终走上了发明之路。

父亲去俄国研制炸药

伊曼纽尔发现人们在开凿运河、开采铁矿的时候都是采用人力去挖土凿石，既费时又费力。于是，他萌生了一种想法，把火药制成炸药炸开河道、山石，使运河、隧道、矿山和道路等工程建设彻底改变落后、缓慢的面貌，同时也可以为自己打开一条生财之道，好还清办工厂时的巨额贷款。

于是，伊曼纽尔在住宅后院搭了一个小棚子，整天躲在里面搞研究。左邻右舍见他足不出户，挖空心思地琢磨那些莫名其妙的东西，纷纷议论说：“伊曼纽尔可能患精神病了……”

1837 年的一天早晨，后院突然“轰”的一声巨响，声音震得左邻右舍的窗格子一阵乱响。受惊的邻居聚了过来，对伊曼纽尔的实验提出了严重的抗议。

这时，伊曼纽尔正沉浸在成功的喜悦中。他见邻居一片恐慌，便耐心地向他们解释说：“这种爆炸规模极小，没太大的威力，不会发生任何危险的。”

可是，邻人们不依不饶，告到了市政府。由于这次爆炸，市政当局禁止伊曼纽尔继续进行火药实验了。他的债主们本来指望实验成功可以收回贷款，没想到会有这样的结果。于是，他们又开始威吓他，说要起诉他，除非他能提出新的保证。

此前，伊曼纽尔本来就有离开瑞典到外国去创业的念头，不过一直不愿向妻子提起，因为这样做无异于逃避困境，放弃自己做丈夫和父亲应尽的责任。如今，市政当局发了禁令，打破了他想发明炸药弥补经济损失的一切希望，于是他出国创业的念头重又浮现于脑际，而且越来越强烈了。

此前，俄国政界人物哈尔特曼博士率领商业代表团访问斯德哥尔摩时，伊曼纽尔同他有过接触。伊曼纽尔想使俄国军队对他的实验感兴趣，哈尔特曼博士对他的这种想法加以鼓励，甚至建议他迁居芬兰，在那里继续研究火药，并同彼得堡建立联系。

在伊曼纽尔看来，要改变逆境，只有按哈尔特曼博士的指点去做了。于是，伊曼纽尔对妻子说："我想离开瑞典，到俄国去闯闯！可是，要去的地方一切都是未知数，不可能拖家带口去冒险。"

伊曼纽尔的妻子卡罗琳比丈夫小两岁，为人极为明智。她深信丈夫是一个富有天才的发明家。既然在瑞典没有出路，那就应该让他到俄国去开辟一片新天地。

几天后，伊曼诺尔要出发了，妻子带着孩子到码头送行。这时，诺贝尔已经 4 岁了。他抱着爸爸的腿，心里十分难过。

父亲怜爱地看看这个瘦弱的孩子，拍拍他的头，将他搂在怀里说："乖，听妈妈的话，爸爸很快就接你们去俄国。"

离别的时刻终于到了，父亲登船后，渐渐远去。

羸弱的男孩

父亲远赴俄国后，母亲带着三个孩子艰难地生活着。

在几位亲戚和朋友的帮助下，母亲在家附近开了一家小店，卖牛奶和蔬菜。由于她对人热情，周围的人都乐于帮助她，经常光顾她的小店。小店的生意一直不错，但微薄的利润也只能维持一家四口人的基本生活。

在母亲的呵护下，诺贝尔三兄弟相处和睦。大哥和二哥已经上小学，只有诺贝尔还待在家里。看到两个哥哥天天上学，诺贝尔羡慕不已。有一天，诺贝尔问妈妈说："妈妈，我能去上学吗？"母亲看了看他那瘦弱的身体，禁不住用双手拍着他的双肩，轻轻地告诉他说："孩子，只要你把身体养好，上学的日子很快就会来到的。"

1841 年 4 月，地处北国的斯德哥尔摩开始进入春天。河里的冰渐渐解冻，水鸟欢快地忙了起来；河畔的白杨树迎风招展，长出嫩绿的叶子；花儿在无边无际的原野上吐出花蕾，要向人们展现万紫千红了。

8 岁的诺贝尔终于要上学了，他高兴极了。诺贝尔背上书包，进了两个哥哥所在的圣雅各布小学，这是斯德哥尔摩最好的小学，也是诺贝尔一生接受正规教育的唯一一所学校。

这个学校的学生穿着都很讲究，可诺贝尔家的三个男孩穿的却是洗得褪了色的粗布旧衣服。妈妈对他们说："衣服虽然不太好，但只要你们心地善良，意志坚强，努力学习，就会受到大家的尊敬，妈妈也就放心了！"

在学校里，诺贝尔因为身体的原因常常缺课。但他聪明过人，勤奋认真，因而学业非但不落后，反而比其他同学更优秀。

在学校里，诺贝尔的作文经常受到老师的表扬。有一天，老师见到诺贝尔的母亲，对她说："诺贝尔聪明好学，功课一直很好，尤其是作文。虽然他父亲是搞建筑的，但他以后恐怕会和父亲走不同的路，极有希望成为一位优秀的文学家。”

大哥罗伯特和二哥路德维希一到休息日就出去卖火柴，把挣到的一点点钱交给母亲维持生计。

诺贝尔也想跟着哥哥一起去卖火柴，因为他心里明白，只要自己能多卖掉一根火柴，就能让辛苦的妈妈少挨一分累。可惜他心有余而力不足，什么活也干不了，连走路都感到疲惫不堪。

母亲对三兄弟说：“妈妈不愿意让你们占用学习时间去挣钱，对你们来说，最重要的是读书。你们不要担心钱的事，要去学习你们感兴趣的东西。”不论做多大牺牲，也要让孩子接受良好的教育，这是诺贝尔父母的一致想法。

诺贝尔的少年时代，绝大部分时间都是在母亲身边度过的。在身体不舒服的时候，他就在家里读自己喜爱的书和课本，有时还画画儿，写作文，有不认识的字或不懂的地方便问母亲。由于诺贝尔常常生病，一般孩子那种活泼的生活与他是无缘的。

诺贝尔下决心努力学习，但他常常伤风感冒，逼得他不得不请病假。就是在学校，他也不好动，不爱讲话，因为他实在没有多余的力气。沉默寡言的他自然朋友少，可这一切并没有妨碍他的学业。有一天，老师在课堂上提问：“河水为什么会从高处向低处流？”这个问题对于七八岁的孩子来说是深奥了点，没想到诺贝尔站起来说：“那和苹果从树上掉下来的道理是一样的。”老师说：“你能解释一下吗？”诺贝尔解释说：“从前，有一个叫牛顿的科学家。有一天，他坐在苹果树下，一只苹果从树上落下来，正好打在他的头上，于是他想到了地球有引力的道理。”关于牛顿发现地球引力的故事，诺贝尔是从哥哥的画册里读到的。他从小就爱看书，常常抱着书专心地看，静静地想，明白了好多道理。老师继续问:“那么，你讲的故事和河水流动有什么关系？”诺贝尔解释说:“因为地球有引力呀！无论什么东西都从高处往低处移动。苹果从树上往下落，河水从高处往低处流，都是一个道理，都是因为地球有引力！”一个8岁孩子能回答这样的问题，令老师瞠目结舌。妈妈听说这件事后，心中不由得暗暗高兴。她和诺贝尔的两个哥哥从小就看好诺贝尔，认为他聪明，他身上时不时地会闪出智慧的火花，大家对他期望极高。果然，诺贝尔不负大家的期望，表现出惊人的天赋。

第一学期结束时，诺贝尔所有功课，以及品行都得了高分。在全校同年级82名学生中，得同样高分的只有另外两名学生。妈妈高兴极了，喜悦的泪花在她眼中闪烁。身体那么瘦弱，又缺了那么多课，竟然取得了这么好的成绩。

斯德哥尔摩依山傍水，山清水秀，景色迷人，是一座水上城市，素有“北方威尼斯”之称。即使天气和身体状况都好，能够到学校去，回家后的诺贝尔也已经没有出去玩的余力了。他没有朋友，没有玩伴。风和日丽的日子，诺贝尔喜欢独自走到室外，极目远眺，那郊外的景色令他陶醉。在浓浓的双眉下，诺贝尔一双蓝色大眼睛炯炯有神。天上的朵朵白云，地上的一草一木，都令诺贝尔感到惊奇。诺贝尔在孤独的环境中，渐渐地养成了观察大自然的习惯，并且从中体验到了无穷无尽的乐趣。后来，他曾对朋友说:“我在少年时代就研究过大自然这本最好的教科书。”

俄国二十一年

诺贝尔的大学

9岁时，诺贝尔已经读了半年小学，他热爱学习，在学业上获得了优异的成绩。在母亲无微不至的关怀下，他的身体也一天天强壮起来。

忽然有一天，他们收到了父亲的来信。父亲在信里说："请尽快到彼得堡来，让我早些见到你们那健康的面孔吧。"听到这个消息，孩子们都高兴得跳了起来。母亲双手捧着信，激动的眼泪夺眶而出。

原来，早在瑞典时，伊曼纽尔就开始研究地雷和水雷了。到俄国后，他向俄国军界提出了制造地雷和水雷的建议，并希望得到资助，但未能如愿。

伊曼纽尔没有气馁，继续坚持不懈地改进和完善着自己的发明。功夫不负有心人，1841年9月，伊曼纽尔把黑色火药装进铁球，制成了世界上第一颗地雷。不久后，父亲认识了俄国将军爱格列夫。爱格列夫不仅是一位军人，而且还是一位热衷于科技的工程师。他对伊曼纽尔的发明给予极大的支持，并请来军界要人观看伊曼纽尔的实验。

实验那天，伊曼纽尔首先在开阔的草地里埋下自己发明的地雷，然后让一只动物从对面飞快地跑过来。当埋在草地里的地雷被踩上时，“轰隆”一声巨响，土块飞上了天。那些从未见过这种场面的军界要人吓了一跳，等回过神后，一个个竖起大拇指，连声叫好。在军界要人的推荐下，俄国政府发给伊曼纽尔一笔奖金，资助他建立工厂，专门生产地雷和水雷。

现在，诺贝尔一家有了美好的前景，辽阔的俄国为他们提供了无穷无尽的机会。母亲和父亲商量后，决定不要打断诺贝尔第一学年的学习，等诺贝尔读完第一学年后，母亲再带三个儿子迁去俄国团聚。

但是，父母阻挡不了有冒险精神的大儿子罗伯特，他一心想早点奔到父亲身边。于是，他在一艘开往俄国的货轮上当了一名机修工助手。当船开到克隆斯达特港时，他立即登岸和父亲团聚，做了父亲的帮手。

半年后，诺贝尔读完了第一学年，想到这就要去俄国，兴奋得一刻也静不下来。母亲也一样高兴，赶忙整理行装。诺贝尔想：“这下好了，又可以听爸爸讲科学家的故事了。”

诺贝尔 9 岁那年，随母亲一起到了俄国首都彼得堡。彼得堡位于俄国西北部涅瓦河和芬兰湾的汇合处，始建于 1703 年，1712 年成为俄国首都。

到彼得堡后，一辆马车载着诺贝尔一家前往坐落在涅夫斯基大道的新居。一路上，孩子们惊奇地望着耸立在花岗石砌成的河岸上的巍峨宫殿、熙熙攘攘的街道和琳琅满目的商店橱窗。涅夫斯基大道两旁宽敞而华丽的住宅里大部分都是外国商人，这是一座比斯德哥尔摩要大好几倍的城市。一切都是那么新鲜，那么有趣。

马车停在了一幢华丽的住宅门前，这是一座很漂亮的花园住宅，铁栏杆大门里边是一座大大的庭院。庭院中树木成荫，池塘里游着鱼儿。庭院深处是两层楼的庄园式住宅。

路德维希和诺贝尔在新家里跑来跑去，东看看，西瞧瞧。和他们在斯德哥尔摩的住宅相比，这里就像天堂一样。爸爸关心孩子们的学习，一安顿下来，就对孩子们的学习做了安排：“你们都不懂俄语，没法进学校学习。我给你们请了家庭教师，先从俄文学起。”

家庭教师是个瑞典青年，俄语很好。第一次来时，他见诺贝尔和哥哥在一起，便问道：“弟弟也同哥哥学一样的课本吗？”诺贝尔怯生生地回答道：“是的。”后来的事实证明诺贝尔比哥哥小得多，但他的学习能力不比两个哥哥差，甚至比两个哥哥学得更快。

当三兄弟熟悉俄语之后，父亲给他们改聘了一位老师。这位老师同样对诺贝尔的天资与学习热情吃惊不已。诺贝尔学俄语，也学英语、法语和德语，他觉得乐在其中，常常废寝忘食。他学法语的时候，先将法国名著译成瑞典文，然后又把瑞典文转译成法文，再仔细核对法文原文，从中找出自己的问题与不足之处，加以改进。他把这种学习法语的方法也运用到学习其他语言中。

通过刻苦攻读，诺贝尔通晓了俄语、法语、德语和英语。他能用这几种语言讲话和写作，而且每一种语言都能体现其固有的特色，不但词汇丰富，用词准确，造句灵活，而且风格优雅。这给他以后的事业提供了极大的便利，让他做成了好多别人根本做不成的事。

在老师的指导下，诺贝尔读了欧洲启蒙运动时期一些大家的著作，并爱上了雪莱的诗歌。这位英国浪漫主义诗人的叛逆精神触动了诺贝尔。雪莱对暴政，对愚昧无知，对一切卑鄙事物的强烈抗议打动了诺贝尔。雪莱的人格魅力成为终生鼓舞诺贝尔的精神力量。渐渐地，在雪莱的影响下，诺贝尔也开始写诗了。他运用的是他崇拜的雪莱的语言，只是在写散文时才用他的母语——瑞典语。诺贝尔常常在家人面前说："诗人当中我最崇拜雪莱！"

在诺贝尔家族的祖先里，既出过科学家，也出过艺术家。因此在诺贝尔家族的血统里，混合着科学家和艺术家两种气质。妈妈总是支持诺贝尔："我赞赏你对诗歌的爱好！"父亲却不赞赏这种爱好，他说："诗歌不过是懒散女子的消遣！你应该多读些科学书籍才对。"父亲这样说自有他的考虑。父亲认为三个孩子中，诺贝尔身上这两种气质表现得最浓烈。但是，他想让诺贝尔做一名科学家，长大了好做他的帮手。诺贝尔明白爸爸的意图，只是想说明事实："其实，我也爱读科学书籍，文学也好，科学也好，我都喜爱，我都会下功夫的！"父亲听了这话，总算放心了。

父亲请来任教的都是出色的学者，其中有俄国著名化学教授西宁、瑞典语言及历史教授拉斯。他们学识渊博，为人热心，为三兄弟以后在事业上的发展打下了坚实的基础。

在三个孩子当中，妈妈有些偏爱诺贝尔，即使在她后来又有了第四个男孩埃米尔以后，仍是这样。爸爸发现三个孩子各有所长，高兴地说："上帝给予人类的是公平的。罗伯特具有从商与管理的能力，路德维希天资很好，而阿尔弗雷德勤奋过人。”的确，“勤奋”二字在诺贝尔一生事业中起了重大的作用。

三兄弟每天上午学习功课，午饭后就到父亲的工厂去。这一时期，伊曼纽尔的事业十分红火，他的工厂，除了生产地雷和水雷，还制造水轮机。由于得到了军方的支持，订单源源不断，赢利也越来越多。工厂里一派忙碌景象，工作台上摆满了各种刚做好的零件。

有一天，诺贝尔到工厂去时，向工人要了一点火药。晚上，他把火药末放在纸卷里，然后来到家附近的空地上，用火点燃，火药立即嗞嗞作响，开始冒烟，喷出绚丽的火花。在漆黑的夜里，焰火特别耀眼，特别好看。诺贝尔高兴极了，拍手欢呼道：“哈哈，我成功了！”

接着，诺贝尔想摆地雷阵了。他将从工厂带回来的火药末用纸包成一个个圆球，再把装有火药的长条形纸管插进圆球做成导火线。他点燃导火线后，跑得远远的，瞪起一双大眼睛仔细观察。当火燃到纸球那儿时，“啪”的一声喷出一团火焰，还冒了一股烟。诺贝尔略用带遗憾的口气说：“这不像地雷，力量实在太小了。”

诺贝尔陷入深思，开始琢磨新的办法。第二天，诺贝尔把火药放进空罐子里，然后盖上盖子，插进导火线。等他跑到远处点燃导火线时，只听“轰”的一声巨响，罐子的盖子飞上了天空。人们闻声跑来，以为发生了爆炸事故。

事后，伊曼纽尔大声斥责诺贝尔：“玩火药可不是孩子该干的事，要是伤了人怎么办？以后千万不要玩了！”诺贝尔解释说：“爸爸，我这是在研究火药，不是玩火药。我心里有数，不会伤人的。”

从此，工人不再给诺贝尔火药了。于是，诺贝尔开始自己动手制造火药。他知道只要把硝石、炭末和硫黄搅拌在一起，就成了火药。但是，他没法搞到硝石。于是，他从工厂药剂室里取出硝酸钾的白粉，开始了配制火药的实验。开始时，实验进行得并不顺利。但诺贝尔不灰心，一次又一次地修正配方，变化剂量的比例。终于有一天，实验品冒出了强烈的火焰。这样，诺贝尔又可以摆地雷阵了。

爸爸疼爱儿子，怕他出事，不得不再次严厉地斥责他。从此，诺贝尔虽然不能再玩这种游戏了，但他已经掌握了火药的性质：裹得松一些，爆炸力就弱；裹得紧一些，爆炸力就强。这种游戏实际上是他日后一系列发明的萌芽。

到俄国后，诺贝尔的病时有发作。在生与死的搏斗中，母亲悉心地守护着他。伊曼纽尔劝妻子说：“娇惯会削弱孩子对疾病的抵抗力。”母亲解释说：“等他再大些就好了，现在还是不要粗心大意为好。”父亲也觉得母亲说得有道理，便点头说：“也好。”

一家人团聚后，父亲一心扑在事业上，越干越起劲儿。当谈到某项技术问题或经营问题时，站在父亲身旁的诺贝尔灵机一动，出个点子，往往能解决父亲几个星期左思右想而不得其解的问题。伊曼纽尔为儿子的聪明过人感到骄傲。

一年之后，卡罗琳生了一个小儿子，取名奥斯卡·埃米尔。这样，三兄弟变成四兄弟了。

不久，夏天到了。每年暑假，三兄弟都要轮流回斯德哥尔摩去度假。斯德哥尔摩是他们的故乡，是他们心中最美的地方！疼爱孩子的外祖母住在那里，敬爱的舅父也住在那里。孩子们一去斯德哥尔摩就流连忘返，总要父亲写信催促，他们才返回彼得堡。三兄弟在渐渐长大，诺贝尔的身体也变得壮实一些了。

伊曼纽尔的事业蒸蒸日上，工作压得他透不过气来。在工厂里，一些难于管理的人经常找他麻烦。这些人的欲望永无止境，却希望工作越少越好。当时，在伊曼纽尔工厂里上班的大多数是俄国人。这些人在黑暗统治和残酷剥削下，从小吃不饱穿不暖，干起活来以免受惩罚为限，要再多干就不习惯了。由于无钱读书，没受过教育，他们碰到什么拿什么，每天离厂时得对他们进行搜身。那些熟练工人都是瑞典人，在他们的带动下生产才得以进展。

5 月里，一个晴朗的下午，正是喝茶的时间。父亲和母亲商量之后另外聘请了一位俄国籍的家庭教师，那是在诺贝尔 12 岁的时候。

幼苗已经开始发芽，要使幼苗茁壮成长，就得靠新的家庭教师了。这位家庭教师不论是学问、人格，都很出色。他除了教授文学的各科知识外，还给孩子们灌注可贵的精神和高尚的品德。老师对三个孩子说：“真正的学问，不仅是为自己，而且还须为人类的进步与幸福而努力。”诺贝尔双目炯炯有神，细心听着老师的话：“你们将来是向科学方面，或是向艺术方面发展，我不能预测。但是，科学与艺术，其本质都是一样的，都融入了人类的知识，而发现新知识才是真正的学问。”

诺贝尔十分好学，一有空就捧起书本读个不停。12 岁的少年，听了老师的话，悲天悯人的火种已经燃烧起来，为人类造福的奉献精神也开始扎根了。

一晃，罗伯特已经 17 岁，他天性聪明，做事细心，沉着稳重，任何事都可以放心地交给他办理。路德维希 15 岁，是个好胜的少年，在工厂颇受器重。哥儿俩成了父亲事业上的助手，让父亲十分高兴。诺贝尔虽然只有13岁，但也不甘示弱，经常到工厂去帮忙。

诺贝尔一天天长大，一到工厂就忙个不停，在技术上出点子，在工厂管理上诱导工人，启发工人，调动工人的生产积极性。由于勤奋学习与渴求知识，诺贝尔将自己所经历的每件事都牢牢地记在心里。父亲的丰富想象力对他影响极大，两位哥哥也成了他学习的榜样，生活本身成了他的大学。他说："尽管生活是很艰难的，但我把它看成是一份珍贵的礼物，是大自然这位母亲亲手赋予我的一颗宝石，让我来磨炼它，直到这颗宝石用它的光泽来奖赏我的辛勤劳动。"

求学之旅

1850年，父亲已经把在瑞典的债务全部还清，这位成功的企业家正以发明家、实业家兼商人的身份出现在俄国上层社会。这一年，诺贝尔17岁，父亲决定让他去其他国家出游。

父亲意识到诺贝尔同两位哥哥不同，两位哥哥对将来有明确的打算，都想搞科研、办企业，而对于诺贝尔来说，科学和文学拥有同样的魅力。父亲这次派他出国，是想让他去接触世界上那些先进的科学技术，使他自愿地选择从事科研的道路，让他将来在研制伊曼纽尔工厂的新产品方面发挥作用。

罗伯特有经商的天赋，父亲想让他招揽生意，负责营业。路德维希在机械技术方面显示出卓越的才能，父亲打算把他留在厂内，负责技术工作。

一个人环游世界，在那个时代可不是一件轻松的事，是需要相当大的胆量和气魄的。诺贝尔有一股向未知世界挑战的强烈欲望，并且对自己充满了信心。17 岁的诺贝尔，独自开始了求学旅行。

首先，诺贝尔乘船回到祖国——瑞典。在那儿，他走亲访友，回味儿时的欢乐。

离开瑞典，诺贝尔前往丹麦首都哥本哈根，拜访了社会名流和哥本哈根大学的学者。

丹麦是北欧国家，三面环海，北隔北海、波罗的海与瑞典、挪威相望，南部与德国接壤。由于相近的语言、文化和历史，丹麦、挪威和瑞典被合称为斯堪的纳维亚国家。

哥本哈根意为“商人的港口”，是丹麦的首都、最大城市及最大港口，是丹麦政治、经济、文化中心。哥本哈根不仅是北欧名城，也是世界上最漂亮的首都之一。哥本哈根大学成立于 1479 年 6 月 1 日，是丹麦最大、最有名的综合性大学，也是北欧最古老的大学。在这所大学里，诺贝尔学到了好多新知识。

然后，诺贝尔到了德国著名的港口城市汉堡。汉堡位于不来梅东北部易北河畔，是德国北部一座美丽的港口城市，是德国第二大城市，仅次于柏林。这里工业发达，交通方便，是德国的工厂聚集地。诺贝尔在汉堡参观了许多大型的工厂，由此萌生了自己创办企业的想法。

接着，诺贝尔去了向往已久的法国首都巴黎。巴黎是当时世界的教育中心，法国著名的法兰西学院、巴黎大学、巴黎综合理工学院等均设在这里。巴黎大学是世界上最古老的大学之一，创建于 1253 年。巴黎还有许多学术研究机构、图书馆、博物馆、剧院等。

在巴黎，诺贝尔拜访了大学的实验室，参观各种实验，结识了不少科学家。巴黎之行，使勤奋好学的诺贝尔了解了发达国家拥有的大量高科技新成果。

告别巴黎后，诺贝尔来到英国，参观了在这里举行的世界博览会。世界博览会又称万国工业博览会，是全世界第一场世界博览会，在英国首都伦敦的海德公园举行，展期是 1851 年 5 月 1 日至 10 月 11 日，历时 5 个多月，主要内容是世界文化与一万三千多件展品。来自世界各地的展品琳琅满目，有影响世界变革的轨道蒸汽牵引机、高速汽轮船、起重机等，还有厨具用品、铁制品以及来自美国的收割机。这里的一切都是工业革命的成果，使正好赶上博览会的诺贝尔大饱眼福。

伦敦大学建于 1836 年，是由多个行政独立的学院联合组成的学府，即联邦制大学，它是世界上规模最大的大学之一。伦敦大学的学院拥有英国最完整的科系。诺贝尔在伦敦大学拜师求教。由于时间短和交通不便，他没有机会去著名的牛津大学和剑桥大学，深以为憾。这次旅游使诺贝尔精神焕发，身体也比在家时好多了。

诺贝尔这次游学的最终目的地是美国，他在英国踏上了从伦敦开往美国的轮船，开始了 3200 海里的航程，横渡大西洋来到纽约。

父亲的好友约翰·艾立克逊是蒸汽机动船的发明人。他建造的“莫尼塔号”新型船使得美国北军在南北战争中取得胜利，他也因此而闻名于世。

诺贝尔走下舷梯，前来迎接他的正是艾立克逊。艾立克逊向诺贝尔介绍了美国五光十色的生活，并想要带他四处走走。诺贝尔则表示只对实验室充满好奇。他只想尽快进入学习，提高自己，增加科学知识。

在艾立克逊的实验空里，诺贝尔学到了许多东西。他协助艾立克逊从事热气研究工作，即用火和高温产生膨胀空气来驱动蒸汽发动机引擎。

诺贝尔从这项研究中学到了物体燃烧发热使气体膨胀从而产生巨大推动力的原理。他学习勤奋，求知若渴。凡是他耳闻目睹的重要原理和过程，都牢牢地记在心里了。

有一天，到了吃饭时间，诺贝尔还未从实验室里走出来。家里的佣人去叫他："诺贝尔先生，吃饭了，艾立克逊先生在等您。"诺贝尔说："好，我马上就来。"诺贝尔虽然走出实验室，但脑子里还在想着实验中的问题。他坐到餐桌旁，与艾立克逊打过招呼，然后拿过一只小汤碗，伸手去盛汤。舀了几下，突然听到坐在对面的艾立克逊发出一阵爽朗的笑声。原来，他把小餐刀当作汤匙了。

经过两年的刻苦学习，诺贝尔在学业上突飞猛进，有了很大的进步。诺贝尔决定启程回家，艾立克逊先生在惜别之际，对他说："你的天资极好，诺贝尔，你的理想是什么？"诺贝尔回答说："我一直想当一名科学家，用我的发明成果为人类造福。"艾立克逊先生当即表示只要诺贝尔有勇气坚持，勤奋努力，就一定会成为卓越的科学家。

带着远大理想和掌握的丰富知识，诺贝尔踏上了归程。诺贝尔再一次登上轮船，横渡大西洋，向欧洲进发了。

汹涌的波浪不断地撞击船舷，发出巨大的声响。船舱里传出人们的嬉笑喧闹声，有人在喝酒，有人在唱歌，有人在跳舞，有人在赌博。这时，只有诺贝尔一个人在船舱中时而读书，时而作诗。

有一天，诺贝尔站在甲板上，吟诵着自己刚写的诗——

青春年少时，
我漂洋过海去他乡。
纵使大洋浩瀚无际，
我也不感到新奇，
只因我心中的海洋更宽广。

到欧洲后，诺贝尔首先去了德国。后来，又经过丹麦、意大利，到了法国，并在巴黎住下了。

巴黎有华丽的建筑，舒适的环境，耀眼的灯光，迷人的美女，缓缓行驶的金碧辉煌的马车……令人目不暇接。更令诺贝尔感兴趣的是巴黎住着好多出类拔萃的小说家、诗人和画家。

白天，诺贝尔到一些研究机构和大学里去参观学习，认真听讲，学习新的科学技术和先进知识。这时，他是属于科学的。

一到晚上，诺贝尔就躲在住处，不是读书，就是写诗。这时，他又属于文学了。

每当诺贝尔看见那些文学家和艺术家时，禁不住流露出羡慕之情：“他们过得多悠闲，多惬意啊！”在这段时间里，诺贝尔用英文写了记述自己童年的自传体诗。这首诗的题目是《一则谜语》。在诗里，他描写了他的童年岁月，再现了雪莱的风格。

诺贝尔曾把这首诗抄赠给一位精通英文的英国老牧师。老牧师读过之后表示：“我曾努力搜寻文法上的错误和谬误的词汇，但却极少。在全篇 425 行诗句中，平凡的诗句只有 6 行。”

一天，春光明媚，诺贝尔收到了来自远方的家书：“现在，我所发明的东西，从实验到制作完成，都由罗伯特一手包办。你大哥已完全成了我最得力的助手。路德维希担任工厂的工程师，充分发挥了他的聪明才智，也取得了很好的成绩。我们的工厂已成为俄国的机械工业中心。我们的工厂受到俄国政府的重视和支持，现在已经发展成为大厂了，前途远大而光明……诺贝尔，我的孩子，我对你期望很高。你聪明，有才干，又受过世界各国新科技的洗礼。我以愉快的心情等待你取得重大成就的那一天的到来！”

诺贝尔把爸爸寄来的家书读了又读，好像亲人都站在他的面前向他招手，盼他早日回家。这时，诺贝尔的耳畔仿佛听到了彼得堡自家工厂的机器在轰鸣，仿佛看到了俄瑞两国工人忙碌的身影，仿佛看到壮实的爸爸在实验室里埋头搞发明。还有，路德维希按爸爸的设计紧张地做着技术方面的操作；罗伯特跑前跑后，这里安排，那里指挥。

这时候，家庭教师对他讲过的一句话在他耳边响起：“做学问或者干事业，都不是为了自己，而是为了创造人类的幸福！”

1852 年 7 月，诺贝尔终于回到彼得堡，回到日思夜想的亲人身边。晚上，下班后，两个哥哥围着诺贝尔问东问西，高兴得你一言我一语：“从此，新知识走进了我们的工厂！咱们工厂前途无量，大有希望！”

家庭的温馨气氛包围着归家的游子诺贝尔，也温暖着诺贝尔的心。诺贝尔觉得世界上再也没有比家更好的地方了。

在诺贝尔出外求学的两年时间里，父亲的事业有了飞跃发展，崭新的厂房代替了旧厂房，生产也扩大了规模，提高了效率。

诺贝尔暗下决心："我一定像哥哥那样搞科研，在技术上有所突破，有所创新。"

皇家金质奖章

第二天，诺贝尔不顾旅途劳顿，吃完早饭就去工厂了。一到工厂，诺贝尔又听到他熟悉的各种机械、引擎、汽锤发出的声音了。

面对这些，诺贝尔感觉体内的血液在沸腾和燃烧。他全身心地投入生产中，恨不得一天干两天的活儿。

诺贝尔先从实习生做起，除学习各类机械车床的操作外，还学习机床的修理和故障的排除工作。这些都是笨重的粗活儿，常把人搞得满身油污，疲惫不堪，但诺贝尔干起来却兴致盎然，浑身是劲。

诺贝尔细心地跟大哥罗伯特学习办公室的业务，将钢铁原料和机械价格记下来，做成账目或统计报表。诺贝尔认真研究公司业务经营方面的诀窍，学习产销经验。诺贝尔每天都超负荷地工作，太阳落山也不回家，仍然留在工厂实验室里从事各种研究。

每到晚上，诺贝尔继续阅读各种有关火药和机械制造方面的参考书，并从事机械改良的设计和新产品的研制工作。

渐渐地，漫长而寒冷的冬天过去了，北方城市彼得堡开始出现春天的景象。有一天，母亲发现诺贝尔动不动就出冷汗，不思饮食，感到胸闷，呼吸不畅，容易疲劳。母亲不放心地说："孩子，要注意身体，不要过于劳累！"

几个月来，诺贝尔在工厂里犹如拉车的马，已经超负荷，还继续向前奔腾，终因过度劳累而病倒了。经过医生诊察，发现诺贝尔体力透支，必须好好休养，否则将引发严重的疾病。

诺贝尔想：“刚开始工作就病倒了，看来，要想实实在在地工作，谋求事业的发展，非把身体锻炼好不可。”母亲心疼儿子，除了抱怨诺贝尔不要命地工作外，还责怪父亲说：“你本来知道他是个病人，还这样让他没日没夜地工作！”父亲赶忙认错，安慰母亲说：“是的，我承认对他照顾不周，不该听任他拼命工作。请相信我，我和你一样爱他。我已经想好了，等他能够起床，就送他去疗养。”

1854 年夏天，诺贝尔被送到波希米亚的弗兰第斯巴特温泉去疗养。弗兰第斯巴特是个小镇，靠近阿尔卑斯山。这里风景优美，空气新鲜，是著名的疗养胜地。

每天，诺贝尔在弗兰第斯巴特泡温泉，享受阳光浴，身体开始慢慢康复。

在父母的建议下，诺贝尔又选择故乡斯德哥尔摩作为休养之地。温泉疗养结束后，他便去了瑞典的外公家。

诺贝尔在外公家住得很开心，度过了一段快乐的时光。他常到林中散步，到湖边钓鱼；常跋涉于山水之间，活动筋骨，呼吸着新鲜的空气；常同表兄聊天，一起游玩。他觉得外公一家的亲情比弗兰第斯巴特的温泉更让他心情愉悦。每天晚上回来时，长辈慈祥的笑脸在迎候他。

不久，诺贝尔渐渐恢复健康，脸色也红润了。诺贝尔在给家里的信中写道：“每当回想起在斯德哥尔摩的往事就令人愉悦，我在这里感到很快乐。我相信在斯德哥尔摩小住，对于我的健康极为有益。”

得知诺贝尔在外公家身体逐渐康复，全家人都很高兴。在给诺贝尔舅父的信中，他的父亲说："感谢上帝使我们亲爱的、勤劳的诺贝尔恢复了健康，因为我们极其珍重他的学识和不知疲倦的精神，这些长处是无人可以代替的。"

舅舅把信拿给诺贝尔看，对他说："瞧，你父亲多么看重你呀！在我看来，他这是在委婉地催你回家呢。"诺贝尔点了点头说："是啊，听说克里米亚战争已经爆发，工厂接了俄国国防部的大批订单，父亲他们现在一定忙得团团转。"

10 月 21 日，诺贝尔 21 岁生日那天，他回到了彼得堡。全家人欢聚一堂。一家人都为他庆祝生日，并欢迎他健康归来。父亲说："孩子，回来得好，我发明的水雷终于问世，马上就要批量生产了。"诺贝尔忙问："战争真的发生了吗？"父亲回答说："是的，已经开战了。前几天，俄国陆军部长对我说，必要时，水雷会派上用场，要我事先做好准备。"

在战争的第一年，俄方就认识到了在这场战争中军备不足，自己的军火储备清单是靠不住的，在表册上开列的装备有的根本未曾交货，有的质量低劣。接受大量作战物资订货的工厂有好多只有一块空招牌，是专为骗取国家津贴而设立的。当时，国家机构办事没有效率，贪污成风，高级官吏都是庸碌无能之辈。

为了弥补严重的军备短缺，俄方慌忙张罗起来。他们发现沙皇所在的彼得堡必须防备从海上来的进攻，于是他们想起了伊曼纽尔的水雷。

当时，海上的交通工具已经从帆船进入汽船时代，建造军舰成了战争爆发后的当务之急。而在当时的俄国，机械工业并不发达。比较起来，诺贝尔工厂的条件是最好的。俄方知道，伊曼纽尔是优秀的机械工程师，三个孩子都是优秀的技术人才，并且都在同心协力地辅助父亲。于是，军部的订单源源不断地送到伊曼纽尔的工厂里。为了完成军工生产任务，伊曼纽尔的工厂开足马力生产，并继续扩建。

在战争的第一年年底，伊曼纽尔雇了一千多名工人，为俄国一些已报废的船只制造机器和其他设备，加班加点地把这些废船改装成蒸汽机发动的军舰。

诺贝尔一家对这项工程并无经验，他们依靠英国人的旧图纸和诺贝尔在纽约从艾立克逊那里学到的知识，总算交付了机器，改装了旧船。这种机器在俄国还是第一次制造，深受俄国军方的青睐。

父亲的工厂在一年之内造了三台蒸汽发动机，每台 500 马力；还造了五台螺旋桨推进器，每台 200 马力。他们在投产之前先要制造锻造机器的汽锤，以及铸模、钻床等机器，其技术水平之高，成就之大在当时是空前的。

第二年，他们的任务更重了。俄国沙皇要建立一支崭新的现代化海军，军部给著名的俄国船舶工程师尼古拉·伊凡诺维奇·波特洛夫下了紧急订单。这事少不了伊盖尔夫将军，军部命令他同波特洛夫合作。于是，伊盖尔夫找到了诺贝尔一家，说沙皇要在一年之内生产三艘炮舰的发动机和火炮，以及另外一百艘炮艇、十四艘海岸炮舰、六艘巡洋舰的发动机，只有诺贝尔家的工厂能接收这样的订单，并有把握及时完成。

政府的大批订单源源不断地向诺贝尔工厂飞来，令诺贝尔父子应接不暇。这样，诺贝尔工厂就成了俄国的名副其实的兵工厂了。他们夜以继日地加班生产，但仍旧困难重重，尤其是制造船舰零件的部门更是不堪重负。诺贝尔一家有解决不完的问题——技术方面、经济方面和人力方面的。为了完成生产任务，他们必须采取措施了。三兄弟向父亲伊曼纽尔建议说："爸爸，我们再建一个工厂吧！"父亲说："这个提议很可行，我们可以在彼得堡的近郊买一块地建厂，争取尽快投入生产，好减轻订单的压力。"

新工厂建成后，父子四人不得不两地跑，工作的时间更长，休息的时间更少了。父亲给孩子们打气说："拼命干吧！为了成就一番大事业，加油吧！"

俄国原是一个以陆军为主的国家，海军相当落后。现在，迫于战势，不得不加强军港防务，为海战做准备。开战不久，俄国海军的将军们聚集在作战总部研究作战计划时，有的将军说："英法的联合舰队肯定会从海上来，海上与港口才是我们的国防前线。"有的将军说："当务之急，我军必须北守芬兰湾的喀朗施塔普军港，南守克里米亚半岛的塞瓦斯托波尔军港，防止敌方海军侵入。"有的将军说："依我看，英法舰队要袭击的是喀朗施塔普军港，得手后可沿涅瓦河逆流而上，进攻我们的都城彼得堡。"

将军们分析了英法舰队的动向后，便开始拟订对应的作战方案。大家提了很多方案，最后一致同意在喀朗施塔普军港和涅瓦河入海口处置放水雷。

一提起水雷，大家不约而同地想到了诺贝尔父子的工厂，因为除了这家工厂，谁也不会制造水雷。于是，大家一致决定尽快将这件事通知伊曼纽尔。

第二天，沙皇尼古拉一世特地在皇宫召见伊曼纽尔，并对他说："这场战争关系帝国存亡，希望尽你所能协助军方。特别是水雷的事，就拜托你了！"伊曼纽尔回答说："我会竭尽全力的，请陛下放心！我摆的水雷阵就像猎人设的陷阱，只等野兽自投罗网了。”沙皇关切地问：“办这件大事，得有恰当的人在现场指挥。你撑得下去吗？”伊曼纽尔说：“陛下尽管放心，我有合适的人选担当现场指挥。”沙皇说：“这人一定要可靠，这可是军事机密啊。”伊曼纽尔说：“这个年轻人叫罗伯特，是我的长子。”

伊曼纽尔回到工厂，同大儿子罗伯特再三商量，又实地考察一番，然后画了一张水雷布阵图，呈请军方批准。诺贝尔是个好动脑筋的人，他对火药的威力产生了疑问。想了又想，他问父亲说：“爸爸，咱家的水雷用的是黑色火药，它的爆炸力能炸毁军舰吗？”父亲得意地说：“它的威力固然不够，但也不可轻视。不久前，在奥利达河畔，在许多要人的参观下，我做过实验，效果相当好。因此，政府颁给我 25000 卢布的奖金。”

按照军方的批准和布置，伊曼纽尔父子俩悄悄地在喀朗施塔普军港和涅瓦河入海口处摆下了水雷阵。果然不出所料，英法联合舰队从芬兰湾攻进来了。他们的目的是攻占喀朗施塔普军港，然后进入涅瓦河直逼彼得堡。

诺贝尔父子紧张地关注布下的水雷阵，希望它能在关键时刻发挥作用。正在这时，一艘俄国商船驶错了方向，误触了水雷。只听“轰隆”一声巨响，升起一股高高的水柱，商船中雷下沉了。

这本来是件不幸的事故，可这次事故却收到了意外的效果。原来，一艘停泊在海上的英法军舰被这意外的爆炸所震惊，立即派出一名海军中校指挥小炮艇前去探查。小炮艇小心翼翼地驶近出事海面，见海面上漂着商船的残骸，破碎的木块和杂物，还漂着一个奇形怪状的大铁球，铁球的表面有个犄角似的东西突出外面，这铁球系在浮标上。英法士兵惊呼：“这是什么东西？从未见过。”艇长说：“肯定爆炸的秘密就在这铁球里，我们把它搬回去研究一下吧！”小炮艇上的官兵商议一阵之后，小心谨慎地把铁球捞起来，搬回英法联军的旗舰上。舰上官兵对这铁球作了仔细检查，不禁大吃一惊，原来大铁球里装的全是火药。他们正在摆弄时，水雷突然爆炸，四周的英法官兵被炸得飞了起来，死伤无数。舰长说：“这东西太可怕了！既然这样的铁球布满海面，我们是不可能接近喀朗施塔普军港的！”英法联合舰队被吓坏了，慌忙逃出了芬兰湾。

伊曼纽尔发明的水雷虽然没有炸沉敌人的军舰，却获得了巨大成功。英法联军不战而退，喀朗施塔普军港因诺贝尔家的水雷才免英法联军的蹂躏。这样，伊曼纽尔立下了赫赫战功。

1853 年，沙皇尼古拉一世为了表彰伊曼纽尔的赫赫战功，颁给他一枚皇家金质奖章，这是赠予外国人的最高奖赏。

父亲破产

在克里米亚战争期间，诺贝尔同他两位哥哥在父亲的工厂里工作，帮父亲生产了好多水雷。战后，父亲的工厂进一步扩大，并改名为“诺贝尔父子机械铸造厂”。

当时，俄国在军备方面十分落后，军队急需现代化武器，大批国家订单使诺贝尔父子机械铸造厂的生意越来越兴隆。

伊曼纽尔设法生产大量军用物资，还从瑞典招来一些工头带领工人从事生产。这个国家第一条铁路使用的铁器制品和军队大量使用的快速火枪，以及装配俄国第一批推进器兵舰所用的大炮和蒸汽机械等，都是诺贝尔父子机械铸造厂制造的。

几艘于 19 世纪 50 年代由诺贝尔父子负责建造的兵舰，在其后的第一次世界大战中仍在使用，这说明诺贝尔父子机械铸造厂的产品质量是极高的。

在诺贝尔父子机械铸造厂，儿子们有充分的实践机会，他们也充分利用了这一机会。诺贝尔的二哥在晚年时曾经回忆道："我在任何一家工厂，都没有像1854年到1860年期间在自家工厂那样精力充沛，才艺也得到了充分发挥，那几年简直是整天忙个不停，在工作中受到了极好的锻炼。"

水雷是伊曼纽尔进入俄国时所持的一张王牌。当时，这是一项军事机密，在和平年代已经被人遗忘了。但在战争期间，它引起人们巨大的兴趣和注意，并且被证明是成功的。伊曼纽尔编写了一本书，书名是《无须陈兵设垒的海道港口防御体系》。这本书介绍了他所制造的布雷系统，附有水彩插图，一直被珍藏着。这本书为法语版，出自诺贝尔之手。

英法联军退出芬兰湾后，开始集中兵力攻打克里米亚半岛，战争更加激烈了。诺贝尔对父亲说："我们急需威力更大的炸药，我想继续从事研究，发明一种全新的炸药。"父亲说："好，相信我们早晚会成功的！"

一直到19世纪，黑色火药都在火药领域里独占鳌头，但它的爆炸力小，又不易引爆。因此，各国科学家一直在寻找新的爆破动力，新火药的研制成了科研的重要课题。

1837年，德国化学家贝罗慈用浓硝酸处理纤维质，得到一种硝酸纤维素。接着，另两位科学家先后用硝酸和硫酸的混合液处理棉花纤维，制成了与硝酸纤维素相似的物质——硝化棉，一般人叫它火药棉。这种火药的爆炸力比黑色火药强，但它的化学性能不稳定，储存和运送时容易爆炸。渐渐地，人们对火药棉望而生畏，不敢再碰它了。

后来，曾经给贝罗慈当过助手的意大利青年化学家苏雷罗制成了硝化甘油。他将很纯的甘油滴入两份硫酸和一份硝酸的混合液内，化合以后得到一种油状的透明液体，这就是硝化甘油。硝化甘油的爆炸力非常强，但它极易爆炸，不好控制。这个没人能够解决的难题引起了诺贝尔的兴趣。

1859年的一天，诺贝尔父子工厂实验室来了两位客人——彼得堡大学的化学家西宁教授和托拉布教授。西宁教授曾经做过诺贝尔的家庭教师，彼此十分熟悉。他一坐下来，便开门见山地对伊曼纽尔说："我想跟您谈谈您发明的水雷，您用的是黑色火药吧？"父亲点了点头，回答说："是的。"西宁教授说："有一种火药的爆炸力比黑色火药的威力大得多，我想就这个问题同您探讨一下，好吗？"伊曼纽尔高兴地说："好啊！我对此很感兴趣。不过，如果要探讨新火药，是否可以让诺贝尔也参加？他正研究这个课题呢！"于是，四个对新火药有兴趣的人聚集在实验台前，展开了激烈的讨论。

西宁教授小心翼翼地从包里取出一个小瓶，里面装着无色透明的液体。他把一两滴液体滴在锡板上，稍一加热就燃烧起来，众人的目光立即被吸引住了。这是什么东西啊？西宁教授又在铁板上倒上两三滴这种液体，然后用锤子轻轻一敲，"轰隆"一声，液体居然爆炸了。正凝神观望的诺贝尔大声说："这是硝化甘油！"西宁教授说："说对了，你是从哪里知道的？"诺贝尔回答说："我是从书本上知道的，书上说意大利化学家苏雷罗制成了硝化甘油。他多次试图测定它的化学成分，但没有成功。有一天，他把硝化甘油溶于乙醚中进行成分分析，可仍无结果。这时，他着急了，因为测不出化学成分，列不出分子式，研究就等于没有完成。没想到过了一会儿，溶液中的乙醚挥发了，一层薄薄的硝化甘油沉淀在杯底。他不假思索地点燃酒精灯加热，只听‘砰’的一声，烧杯爆炸，玻璃碎片划破了他的脸和手。”两位教授听了，边点头边交换着钦佩的目光。

西宁教授说：“你知道得很详细。是的，这次实验使苏雷罗认识了硝化甘油具有强烈的爆炸力，同时爆炸又使他产生了畏惧情绪，从此中断了研究。这是很可惜的事。我希望大家都来研究它，因为硝化甘油的爆炸威力远远超过了黑色火药！”伊曼纽尔点头说：“是的，如果在水雷中用硝化甘油做火药，威力一定惊人！”西宁教授说：“难就难在这种液体的性能不稳定：有时候，装有硝化甘油的容器掉在地上都不会爆炸；有时候，稍微晃动一下容器，里面的硝化甘油就会爆炸。”听到这里，诺贝尔补充道：“现在的问题是怎样使硝化甘油按照人的意志准确地爆炸。我对此很有兴趣，让我来研究吧！”

虽然伊曼纽尔和诺贝尔都想立即进行硝化甘油的研究，但现实情况不允许。当时，因为战争的原因，俄国从西欧引进机械的路堵死了，不得不动员所有的工业力量生产机械。这样，技术力量强大的诺贝尔父子工厂便成为最重要的机械制造厂了。

俄国政府催诺贝尔父子工厂进一步扩大生产，伊曼纽尔对此举棋不定，下不了决心。于是，他把儿子们找来，同他们商量说：“现在，俄国政府的订单这么多，靠现有的这些设备，即使不分昼夜地生产也无法完成生产任务。要想完成订单，只有扩大生产规模。但是，如果扩大生产规模，万一战争结束之后，政府停止订购，我们怎么办？”三兄弟异口同声地说：“爸爸的顾虑很有道理！”第二天，政府官员又派人来催了。伊曼纽尔干脆向他挑明，说出了自己的顾虑。那官员听了，笑着说：“用不着担心！政府可以同你签合同。即使战争结束，政府也保证继续订购你家工厂的军用品。”几天后，俄国政府真的和伊曼纽尔签了合同，还发给伊曼纽尔一纸保证书。

伊曼纽尔这才放心，立即大刀阔斧地干起来。他把能够动员的一切资金全部投入生产，还贷了款，建了新工厂，购置了大量机器和原料，雇了大批熟练工人。在三兄弟的协助下，一座可容纳数千名员工的新工厂投入生产了。

不料，第二年，形势急转直下。1855年，尼古拉一世去世。同年，尼古拉的儿子亚历山大继位，成为俄罗斯帝国的第十二位皇帝，史称亚历山大二世。亚历山大二世是俄罗斯历史上与彼得大帝、叶卡捷琳娜二世齐名的皇帝。他在位期间，大刀阔斧地进行改革，对俄国的社会发展做出了历史性的贡献。

亚历山大二世上台后撤换了大批政府官员，实行新的施政方针。1861年，亚历山大二世做出了一件俄国历史上惊天动地的大事，他毅然下诏废除农奴制，为俄国的中兴奠定了基础。

亚历山大二世通过一系列的改革，使落后的俄国进入强国之列。正当诺贝尔一家庆幸在异国他乡再遇明君时，意外突然降临了。原来，沙皇亚历山大二世认为克里米亚战争失败的原因是俄国的军事装备不及英法。因此，他决定以后从国外进口武器、机器和火药，下令取消同国内各企业签订的合同。

这突如其来的消息，对诺贝尔一家来说犹如五雷轰顶。订了合同的机器已经在生产，有的是半成品，有的已经准备交货，现在政府一概不要了，花出去的资金怎么办？当年，为了按订单生产，诺贝尔的父亲向银行贷了巨款，并投入了自己的全部资金和大批劳动力。如今，新政策的出台，使诺贝尔一家陷于破产的危机，而且没有任何补救。

伊曼纽尔同政府官员据理力争："如果因为战争结束，以后不会再有订单，我们还可以接受。可是，已经订了合同的，有的已是半成品，有的正等待运输交货，现在一概拒收，企业承受不了这么大的损失！"来和伊曼纽尔谈话的不再是过去同他签合同的政府官员，都是新上台的。他们对过去一无所知，只知执行新沙皇的命令。他们冷冷地对伊曼纽尔说："这些情况我不清楚，我只是奉令行事。"说完，再也不肯露面了。

为了给俄国军队生产军工产品，工厂债台高筑，伊曼纽尔要求俄国政府负担这一部分欠款，俄国政府一个卢布也不肯出。而另一方面，债主们却天天登门要求还债。伊曼纽尔失魂落魄地哀叹道："这可怎么办啊？政府不讲信誉，单方面撕毁合同。我要求他们履行承诺，又毫无结果！债主天天来催着还债，我们拿什么还啊？"

为了自救，伊曼纽尔迅速转向蒸汽机这一单项产品的生产。虽然伊曼纽尔为航行于伏尔加河和里海的首批班轮设计生产了二十台蒸汽机，但这家曾在俄国的工业化和国防建设中起过巨大作用的企业，还是举步维艰，到了难以维持的地步。

为此，精通外语的诺贝尔受父亲嘱托，在1858年远赴英国寻求贷款。英国银行家虽然在表面上客客气气地听他的陈述，但拒绝提供贷款。他们认为俄国不可能对大规模投资提供足够的安全保证，那些引起混乱的改革措施从长远来看可能有利于国家，但也可能引起一场革命。

于是，诺贝尔又去了巴黎。那时，巴黎是大量游资的集散中心。只要利润可观，投资者并不怕冒险。可是，在法国人的心目中，俄国是个可怕的地方，诺贝尔一家的事例就足以说明是沙皇的独断专行使一切投资荡然无存。再说，从政治立场上说，法国政府没有理由鼓励本国人向俄国贷款。

诺贝尔到国外寻求贷款，四处碰壁，最后只得两手空空回到彼得堡。

伊曼纽尔从踏上俄国领土起，22年的心血全都白费了，只得宣告破产。这是伊曼纽尔第二次宣告破产，但这并不是他的错。如果硬说他有错的话，那错就错在太相信俄国政府会履行正式签订的合同了。

1859年，走投无路的伊曼纽尔把诺贝尔父子工厂交给债权人。伊曼纽尔决定和妻子带奥斯卡·埃米尔回瑞典去。母亲不论在怎样的境遇下都能随遇而安，巴不得及早回归祖国。可父亲却气病了，头发一下子白了许多。

伊曼纽尔对三个大孩子说："我们决定带你们的弟弟回瑞典，你们打算怎么办？"三兄弟异口同声地回答父亲，态度十分坚决："我们决定留在彼得堡，设法挽回我们家的损失。新沙皇正在进行社会改革，翻身的机会总会有的。"父亲见儿子们这样争气，激动地说："那好，你们自己去闯荡吧！"

永无休止的想象力让父亲不甘失败。同前一次一样，他不断有新念头产生。他的孩子们年轻力壮，才华出众，他希望让他们在劫后的余烬中重新发家致富。

这年，罗伯特30岁，路德维希28岁，诺贝尔26岁。诺贝尔家的三兄弟面临破产的严峻考验，一个个都充满了信心。

亲情的召唤

诺贝尔父子工厂倒闭之后，因为伊曼纽尔患病，法庭指定路德维希清理他父亲的债务。路德维希聪明绝顶，干得很出色，令所有债主都感到满意。他虽然从事这项不愉快的工作，但他也得到了相当的报酬，足够使他在距彼得堡不远的维堡租下一家小工厂。陆军部向他的工厂提出了订货单，购置一些小型武器和地雷。

路德维希吸取以往的教训，决不完全依赖军需订货，而是生产多种产品，包括工业上的生产工具。作为开端，他首先制造钻床和镗床。

路德维希能力很强，并且处事公允。不久，接管诺贝尔工厂的债权人对路德维希说："我们对工厂的业务一窍不通，还得依靠你。我们虽然有雄厚的资金，但我们不知道怎样管理工厂，怎样使机器运转起来。路德维希先生，你很有才干，我们决定委托您来经营，付给您优厚的工资。您乐意接受委托吗？"路德维希回答说："请放心，我乐意接受，一定把工厂办好。"

路德维希希望诺贝尔帮他："诺贝尔，我想请你做我的助手，行吗？"诺贝尔说："当然可以。"

诺贝尔一心扑在事业上，不仅出于孝心，也是出于手足之情，更由于事业上碰到的种种难题使他欲罢不能。在工作中，把父亲那些含糊然而又极有启发性的念头变成可行的计划使他感到快慰，同样快慰的是当他证明父亲的想法错了，而他终于找到了解决的办法。此外，诺贝尔还在钻研各种理论，他想避开军事领域，另辟蹊径。

在诺贝尔的帮助下，路德维希把种种难办的事干得很出色，使所有的债权人都感到满意，因而得到了他们的信任。

大哥罗伯特不像弟弟那样刚强，那样有毅力，即使在一切正常的情况下，他也不免流露出悲观的情绪。如今，家道中落，他更加受不了。这场灾难使他六神无主，痛苦万分，特别需要别人支持与鼓励。

这时，路德维希和表妹明娜·阿尔塞尔已经结婚，要单独居住了。诺贝尔见二哥的事业大有起色，便准备去帮大哥了。诺贝尔对路德维希说："二哥，我决定要独自创业，找个工厂一边劳动，一边继续我的研究。"路德维希说："好吧，要注意身体，千万别累着。"

于是，诺贝尔决定和大哥住在一起，开始四处找房子。诺贝尔不喜欢大城市，对宁静的乡村情有独钟，常说："我愿生活在我的哑巴朋友——树林和灌木丛中。"

有一天，诺贝尔找到了房子，大哥兴冲冲地跟诺贝尔去看房子。这是一位退役将军大宅子后面的空屋。房子有些旧，给人一种阴森森的感觉。可是，只要打开窗户，宽大的院子、茂密的树林、盛开的鲜花就尽收眼底了。罗伯特赞叹道："不错，住在这里就像住在乡下一样！"

罗伯特同诺贝尔在新居设了一个办事处，雇了一名办事员。他们这样做是为了维持声誉，不致在债主和未来的顾客心目中没面子。

兄弟俩就这样安定下来，筹办工厂，开始了新的生活。每逢休息日，诺贝尔就在家里读科技书，搞发明；也读文学书籍，并写了两篇小说——《在最明亮的非洲》《姊妹们》。这两本书虽然写得很好，但没有拿去发表。诺贝尔精力无限，在搞科研的同时继续做他的文学梦。通过文学创作，他得到了莫大的鼓舞。

俄国的冬天来得早，才进入 9 月中旬就刮起寒风，气温骤降。一进 10 月，就纷纷扬扬地下起大雪来。这种天气对于身体虚弱的人来说有很大威胁，日夜操劳的诺贝尔忽感身体不适，极度疲倦，并日渐衰弱起来。罗伯特说："弟弟，这些日子你脸色很难看，饭也吃得少。是不是太累了？你要当心自己的身体呀！不要总是吃一片面包喝一杯水就打发一顿饭！唉，要是妈妈在这里就好了！"罗伯特尽自己所能照顾弟弟，可诺贝尔的健康状况却一天不如一天。一天傍晚，罗伯特忙完工厂的事回到家里，见诺贝尔正倒在壁炉前的地板上。罗伯特抱起弟弟，见他浑身滚烫，昏迷不醒。经医生诊断，诺贝尔积劳成疾，加上天气寒冷，引起急性肺炎。因为经济原因，既没有住院的钱，也请不起人来照料，罗伯特只好一直在弟弟身边护理。诺贝尔高烧昏迷，罗伯特用冰决给他降温。冰袋里的冰块换了又换，总是过一小会儿就化成了水。诺贝尔醒来后，咬紧牙根忍受疼痛。罗伯特安慰他说："弟弟，你可要坚持住啊！春天来了就会好的。"

躺在病床上的诺贝尔从窗口望出去，近处凋枯的树木，远处尖尖的房顶，全都盖着厚厚的积雪。诺贝尔不好意思地说："今年的冬天可真长，春天还远着呢！太对不起了，大哥，为了我，耽误了你的工作！"罗伯特摇头说："工作不要紧，现在最重要的是你的身体。"

为了专心照顾诺贝尔，罗伯特干脆停了办事处。诺贝尔的体温时高时低，病情时好时坏，差不多拖了整整一个冬天，直到第二年春天才好转。

诺贝尔从他躺了半年的病床上爬起来，走出室外。外面春光明媚，大地一天天暖和起来，屋顶上的积雪融化成水，滴滴答答地往下落，发出悦耳的声音。“多好啊，春天总算来了！”诺贝尔伸伸腰，准备大干一场了。

罗伯特说：“我得去找工作赚钱了，差不多半年没正经干事了！”罗伯特四处奔走，寻找工作，可是工作并不好找。没想到，工作未找到，爱情却找上门来。罗伯特与一位叫鲍琳的善良的芬兰姑娘相爱了。

罗伯特极爱鲍琳，给她买最时新的服装，而自己的生活则尽量节省。

那时的彼得堡是专供人们社交的城市，罗伯特不得不想方设法维持彼得堡外国商人的社交标准。在彼得堡，在豪华的旅馆里，没有一个下午不举行音乐会或舞会。无论是正式的舞会，还是私人的家庭舞会，在美酒佳肴上，人人都想压倒别人。太太和小姐们一有时间就坐着漂亮的马车去购物，或者走东家串西家，闲聊前一天的趣事和秽闻。罗伯特是个认真做事业的人，不喜欢这样的生活，也没有财力过这样的生活。他想既然在俄国找不到理想的工作，不如到鲍琳的家乡——芬兰的赫尔辛基去谋求发展。罗伯特虽然想这样办，但却下不了决心，他放心不下诺贝尔。诺贝尔对大哥说：“用不着为我担心，我的身体已经好了。而且，你走后我可以到二哥那里去住。”

1861年，罗伯特离开彼得堡，和妻子移居地处北方的芬兰。到芬兰后，罗伯特以灯业为生，这是他父亲的老本行。不过，他的生意是把芬兰人用的老式灯改成煤油灯。这样，点起来更明亮。他借债生产，决心要为可敬的芬兰人带来光明。诺贝尔知道大哥为人踏实，一步一个脚印。在这方面，大哥是自己学习的榜样。

1862 年，罗伯特曾回瑞典探望父母，回来以后路经彼得堡，对弟弟说："父亲的精力和自信心已经明显恢复了。"诺贝尔听到这个好消息，万分高兴。

父亲在斯德哥尔摩远郊租了一座房子，靠彼得堡两个儿子的接济过着俭朴的生活。小儿子奥斯卡·埃米尔已经 19 岁，他学习刻苦，特别爱好化学，希望将来成为父亲事业上的助手。

父亲的想象力超过了理智的界限，又开始了自动推进水雷的实验。他想如果能控制水雷的前进方向，那就会在战争中大显身手了。他捉了一只海豹，把它的嘴络住，放在池塘里训练好，然后叫它推动水雷。诺贝尔听到这个消息后，觉得用活物代替机械力量简直太荒唐了。

不久，诺贝尔接到父亲的信，说他已经找到一种方法，用硝化甘油制造炸药。他说杰出的俄国化学家西宁没有办到的事，他已经办到了。他将普通火药同硝化甘油混合起来，说这样能使黑色火药的威力增强二十倍。诺贝尔听到这个消息，急得跳了起来。他知道在这个问题上，父亲又犯了把愿望当作现实的错误。

伊曼纽尔在信中叫他的两个儿子去晋谒俄国托特勒本将军，说服他对新型炸药产生兴趣。既然父亲执意要这样做，诺贝尔只好请求将军约期接见。

两兄弟担心父亲言过其实，而他们绝不想让将军上当。可是，他们深知父亲又不是轻易言弃的人。因此，诺贝尔决定先由他自己进行实验，设法控制这种烈性火药。于是，他一头钻进实验室，接连几个星期闭门不出。

19 世纪 60 年代，欧洲在物理、化学和机械学领域有了长足的进展，工业、建筑和运输方面都出现了飞速的发展。但是，技术的增长速度却相对缓慢。由于对煤炭和原料需要的大量增加，人们迫切要求用更有效的办法来开采它们；世界各地的大型工程项目也急需以更好的技术手段来施工。黑色火药因为威力不足，早已不能适应人类的需求。因此，人们总想发现一种比黑色火药更有威力的火药。伊曼纽尔多年从事火药实验，他的注意力自然转向了这一领域。

早在 1855 年，伊曼纽尔和诺贝尔就开始注意那种异常猛烈的火药——硝化甘油了。诺贝尔关于爆炸物的所有重要发明都是以硝化甘油为基础的。

硝化甘油是将防水的甘油渗透到浓缩硝酸或浓缩硫酸的冷混合体中制成的，关于它的化学构成，无论是发明者本人还是后来的化学家都不能完全搞清楚，只是将它的分子式定为 $C_3H_5O_3(NO_2)_3$。开始的时候，它虽引起了科学家们的注意，但却从未得到任何实际的应用，这是因为它具有猛烈的爆炸性，因而在生产和运输时极其危险。同时，硝化甘油也没有可控制的引爆方法。

但是，伊曼纽尔和诺贝尔从一开始就关注硝化甘油的有关实验，深信硝化甘油具有伟大的前途。于是，父子俩用不同的方法分别对硝化甘油展开了研究。

伊曼纽尔回瑞典后，在斯德哥尔摩建立了一个小小的实验室。由于经济窘迫，他不可能进行大规模的实验。远在彼得堡，诺贝尔也在集中精力研究硝化甘油。

当时，好多国家都希望有一种威力更大的火药。法国、德国、英国的一些科学家都曾用新办法研究火药，但他们中没有一位化学家想到用硝化甘油制造火药，只有诺贝尔父子不停地向硝化甘油发起挑战。

硝化甘油是威力极强的爆炸物，这是毫无疑问的，问题是如何才能引爆它。如果在岩石上凿一个洞，把硝化甘油灌进去，使其爆炸后，岩石就会被炸得粉碎。但人不能走近去点火，也不能去砸它。如果那么做，人就会同岩石一样粉身碎骨。

诺贝尔想如果用一根导火线同硝化甘油连在一起，那么，不管多么远的距离都可以点火了。可是，诺贝尔在实验之后发现还是不能引爆。虽然能点着火，但只能引爆一部分，而不能使全部硝化甘油爆炸。这说明硝化甘油这种液体只有在快速均匀受热，或在全体受到快速撞击时才能爆炸。如果是极少量的硝化甘油，这样做是可以的。但是，炸开岩石需要使用大量的硝化甘油，用这样的方法引爆是不行的。

诺贝尔苦思冥想好多天，仍束手无策。最后，诺贝尔将这些天的研究经过和实验结果写信告诉父亲，同父亲商量如何突破难关，父亲很快给他回了信:“在黑色火药中拌上硝化甘油，然后引爆，这是一个好办法。”诺贝尔认为父亲说的确实有道理，如果把黑色火药点着火，拌进去的硝化甘油不就立刻全部受热了吗?

诺贝尔立刻按父亲说的进行实验，可是仍然不行。为此，诺贝尔废寝忘食，日夜琢磨这个难题，实验了一次又一次。有一天，他突然想到小时候因玩火药而受到斥责的事。当时，他把火药装在一个罐子里，把盖子盖得紧紧的，爆炸时就比一般状态下威力大得多。他想:“硝化甘油是否也是这样呢？一定是这样的。”

诺贝尔在哥哥的鼓励下，反复实验。在最后一次实验中，他在一个小玻璃管中装上硝化甘油，再把玻璃管放入一个白铁皮罐，然后在玻璃管的周围塞满黑色火药，再在黑色火药上连上导火线。

一切准备就绪时，罗伯特从芬兰来彼得堡看望两个弟弟了。

诺贝尔对罗伯特说:“大哥来得正好，我正准备进行一次实验呢。”

那是个没有月亮的夜晚，三兄弟兴致勃勃地边谈边走，来到路德维希工厂附近的一条小河旁。诺贝尔像放火炮一样点燃导火线，然后用力将白铁皮罐扔向河面。白铁皮罐在落进河里的同时发出了惊天动地的声音，并激起了高高的水柱。诺贝尔高兴得蹦起来，大声喊道:“好极啦！成功啦！”两个哥哥也喜形于色，为弟弟获得成功而高兴:“真厉害，它的威力起码比黑色火药大 10 倍以上。终于成功了！我们衷心地向你祝贺！”两个哥哥用力地拍着诺贝尔的肩膀，然后伸出手，三兄弟的手紧紧地握在一起。

罗伯特提议道:“我认为可以进行公开实验了。”路德维希说:“我看是时候了，可以找俄国政府谈谈，让他们看看咱们的实验！”诺贝尔补充道:“如果举行公开实验，我一定会邀请托特勒本将军莅临指导。”

托特勒本将军是俄国著名军事战略家，在克里米亚战争时立下了战功。他对诺贝尔家的发明和事业都曾给过支持和帮助。

诺贝尔决定谨慎从事:“不过，如果要举行公开实验的话，还是慎重一些好。等我再做几次实验之后，再举行大型公开实验吧。”两个哥哥同意了弟弟的意见，并预祝他成功。

诺贝尔公开实验的准备工作基本就绪，只差定下实验的时间和地点了。就在这时，他收到了父亲的来信。爸爸在信中说:“我研制的新火药已经有了很好的结果，用低价制成的这种成品，其效力可以同法国最好的手枪火药媲美。最近，俄国的火药年消耗量大约 20 万磅。新火药制造如能扩充成大工业，我坚信能挽回以前我们在俄国的所有损失。我需要你的帮助，你一定要尽快赶回瑞典来。”

诺贝尔看完信，陷入犹豫。一方面，他自己发明的新火药公开实验已迫在眉睫，如果回家就得把自己的实验搁置下来。因此，他不想回去。可是，一想到爸爸盼他回去的迫切心情，他也不好拒绝，不能让老人伤心。他想："还是放下自己的发明，先回去帮爸爸吧。"于是，诺贝尔渡过芬兰湾，回到了斯德哥尔摩。

诺贝尔发现这里的街道狭窄而脏乱，行人的服饰也不如彼得堡鲜艳。不过，诺贝尔还是认为这里比彼得堡好。这里不像彼得堡那样每个街角都有站岗的士兵，让人心里不舒畅。

伊曼纽尔的工作室既当实验室，又当办公室，到处是椅子、小桌子、试管和纸张。父亲同往常一样，总是在里面转来转去，不停地想他的发明。当诺贝尔到了后，伊曼纽尔高兴地站在门口迎接儿子："你回来我就放心了，等于我的发明成功了一半。"

母亲和弟弟喜笑颜开，围着诺贝尔嘘寒问暖。母亲轻轻地抚摸着诺贝尔，诺贝尔心里感到十分温暖。父亲说话声音很高，走路劲头十足，仿佛又回到了青年时代。

小弟弟已经长成大人，明年就要上大学了。父亲望着埃米尔，对诺贝尔说："同你一样，他也喜欢化学，是我的好帮手。"

父子三人走进实验室，伊曼纽尔把记载着药品名字和数量的笔记本交给诺贝尔。诺贝尔仔细地翻阅后，心中升起了一团疑云："看来，新火药是由黑色火药和硝化甘油混合而成的。"父亲说："是呀，我采用的比例是这样的：黑色火药与硝化甘油之比是10与1之比。虽然硝化甘油用得很少，但爆炸的威力比过去大20倍。"埃米尔补充道："硝化甘油用得特别少，是因为硝化甘油的成本太高了。"

诺贝尔认为从科学角度上说，父亲的这次实验是站不住脚的。

父亲做实验时，每次起爆并不顺利。一开始，大部分都能爆炸，最近就只是燃烧而不是爆炸了。当诺贝尔拿起试管以后，一下子就找到产生这种情况的原因："把黑色火药和硝化甘油混合起来，一开始会有强烈的爆炸力。但是，放置的时间稍长的话，那比例很少的一点点硝化甘油就会渗入黑色火药的空隙而被吸收，结果就只能燃烧而不能爆炸了。"

诺贝尔劝父亲说："爸爸，凡事得慢慢来，急不得的。你先接着做实验，最好改变一下思路。我得回彼得堡去，我本来正准备做一次公开实验的！"父亲说："也好，我再想想。你先回去吧。"

第二天，诺贝尔告别亲人，离开了故乡。回到彼得堡，诺贝尔立即筹备公开实验。邀请书都填好了，正要发出去的时候，诺贝尔又收到了父亲十万火急的来信。在来信中，父亲不容他违背，要他立即返回斯德哥尔摩，因为父亲要公开实验了，急需他的帮助。虽然一万个不情愿，但是，诺贝尔依然再一次放下手中的邀请信，中断公开实验，按父亲的意思回家了。原来，伊曼纽尔从瑞典军方得到6000克朗资助，要为一个军事委员会进行一次公开实验。这次实验事关重大，只能成功，不能失败。

伊曼纽尔心里明白，自己的火药用在枪弹里还勉强可以，但如果用在炮弹上，他就一点把握都没有了。但他知道，这事只有诺贝尔能救他。因此，他不得不向儿子求援。于是，诺贝尔又回到了斯德哥尔摩。

重返故乡

硝化甘油取代黑色火药

1863年秋天，伊曼纽尔的实验在瑞典卡尔堡进行。瑞典军方要人及有关人士纷纷到场，他们对伊曼纽尔充满了信心。伊曼纽尔虽然已经60岁了，但仍精神抖擞地前来主持这次实验。

一开始，新火药用在枪弹里，实验效果不错。但是，当开始进行炮弹实验时，爆炸没有发生，实验面临失败的危险。伊曼纽尔急得束手无策，好在诺贝尔早有准备。他不慌不忙地取出早已准备好的白铁皮罐，点燃导火线，然后镇静地扔了出去。只听轰隆一声，惊天动地，硝化甘油炸弹着地时爆炸了。这种炸弹的威力征服了在场的所有观众，这次实验终于令瑞典军方满意了。

诺贝尔继续进行实验，设计实用的硝化甘油引爆物。1864年，经过五十多次实验后，31岁的诺贝尔完成了一项划时代的发明——“诺贝尔专利雷管”。

这种雷管将流体硝化甘油火药装在一个金属管或其他密封的

筒状物里，里面放进一个装着黑色火药的小木管，从小木管的盖子塞进一条导火线，用小木管里火药的爆炸给硝化甘油火药点火，从而引爆它。

这样，诺贝尔终于找到了理想的引爆物——黑色火药。他不仅利用黑色火药使硝化甘油爆炸，更重要的是他发明了使硝化甘油爆炸的装置，这是火药史上最重大的功绩。

诺贝尔的这种爆炸装置就是雷管。如果没有雷管的发明，各种烈性火药就不会被人采用，最终被埋没掉。

1865 年，为了提高效能，诺贝尔又改进了雷管的装置，将原来的小木管换成一个装着起爆水银的金属管。通过这种爆炸管的发明，原始点火原理被应用到爆炸物技术方面，使得有效利用硝化甘油这种烈性火药成为可能。正是这个原理，为研究各种火药的爆炸特性提供了方便。

实验成功后，诺贝尔立即在瑞典申请专利。1863 年 10 月 14 日，他的硝化甘油制品的第一项专利权获得批准。接着，他在法国、英国和比利时也获得了专利权。

直到 20 世纪，一些著名的科学家仍然把诺贝尔的这项发明说成是自从发明火药以来，在爆炸物科学方面最伟大的进展。诺贝尔后来最亲密的合作者拉格纳・索尔曼也曾说过这样一段话：“人们一般认为诺贝尔主要是达那火药的发明者。但实际上，从纯粹的发明角度及技术的重要性来看，他所发明的爆炸管和火药的原始引爆装置，应该远远放在达那火药的前面。”

在完成这一伟大发明之后，诺贝尔说：“硝化甘油的真正纪元是从 1864 年开始的。当年，一管纯硝化甘油第一次被一个装着火药的分管引起了爆炸。”

从此，威力无穷的硝化甘油取代了黑色火药。有了硝化甘油火药，开渠变得容易了，开矿变得容易了，修筑铁路也不再是难事了。

父子工厂

为了生产新型火药，诺贝尔父子决定开办一个共同经营的工厂。诺贝尔准备以自己的发明专利权为基础，开始生产硝化甘油火药，但这需要雄厚的资金，于是他匆匆前往巴黎，来到佩雷拉银行。

这家银行对拿破仑三世规模巨大的建设计划提供了财政支持，苏伊士运河工程就是这位皇帝的一项计划。运河工程在1864年虽然颇有进展，但是如果有新的、强有力的爆破火药，就可以大大地加速工程进度。

诺贝尔对银行家说："只要能够将火药的热力用一种足以引起爆炸的速率传送给硝化甘油，由于气体冲击的压力，使硝化甘油产生更大的热量，这就形成了爆炸。"诺贝尔向银行家宣传新火药，因为担心他们对科学术语陌生，所以他尽量用通俗生动的语言进行描述，竭尽全力鼓动他们投资。

望着这个来自瑞典斯德哥尔摩的瘦瘦的青年，银行家交换着怀疑的目光，然后问道："难道真有这种威力强大的火药吗？"诺贝尔取出样品放在桌上，然后说："请放心，有的！这就是！"他开始热心地介绍新火药对于矿山、铁路工程、山洞开凿、修路架桥等方面的巨大作用。不久，拿破仑三世听说此事后，颇感兴趣。当时，法国皇帝拿破仑三世正实施宏伟的建设计划，急需诺贝尔发明的这种威力无比的火药。出于对科学的深刻认识，拿破仑三世意识到这位瑞典青年的新发明会派上大用场，有助于建设计划的早日完成。于是，拿破仑三世对银行家说："这真是了不起的发明，它将促使世界的许多产业发生巨大变革。有人说火药的发明是近代社会进步的基础，这话一点不假！"于是，佩雷拉银行立即表示要向诺贝尔生产硝化甘油的工厂投资 10 万法郎。

诺贝尔兴高采烈地回到斯德哥尔摩，把 10 万法郎的支票拿出来交给父亲："爸爸，有钱了，我们可以投入生产了！"

父亲说："好极了，工厂用地由我来想办法。"父亲立即约见斯德哥尔摩市长，市长了解情况后，批给伊曼纽尔位于市郊爱伦堡的一块市有土地。诺贝尔根据生产需要，立即画好图纸，召集工人在那里兴建了一栋狭长的工厂。这座工厂紧挨父母居住的那所旧房子。在诺贝尔的劝说下，那所旧房子也装修一番，面貌焕然一新。

说是工厂，其实也就是一间比实验室大一点的房子而已，但这毕竟是个良好的开端。不管规模如何，诺贝尔火药工厂总算诞生了。一家人个个喜上眉梢，干劲十足。

有了工厂，诺贝尔更忙了。吃完早饭，诺贝尔马上招呼弟弟去工作："喂，埃米尔，快跟我到工厂去。"弟弟高兴极了："来了，哥哥。"

为了节省资金，工厂没有雇用技工。诺贝尔和埃米尔一面专心地研究火药，一面拼命地制造火药。

父母从隔壁的窗口看着工作融洽的兄弟俩，心里感到十分快慰："看他们俩，不像兄弟，倒像老师和学生呢。"兄弟俩的工作进展得很顺利。为了扩大生产，不久，诺贝尔雇用了一名化学师，名叫卡尔·埃里克·赫茨堡，还雇了一个打杂的和一个女佣，并购置了家具和设备。

后来，诺贝尔干脆住进工厂，他想：“不如就住在这里，工作起来也比较方便。”父亲高兴地说：“别看我们的工厂规模较小，却能生产任何一个大厂都不能生产的新型火药！这是一项大发明，是可以造福人类的。有了我们的产品，开矿工人、筑路工人和开凿运河的工人不知要省多少力气呢！”

19世纪60年代初期，瑞典正处在大规模建设中。国家急需一种威力大、见效快的火药来征服坚硬的岩石，新火药很快被应用到工地上了。

亚美倍雷矿山为了开山炸石，急需火药，新火药被用上了。工人们先在岩石上用凿子凿出洞，将硝化甘油灌进去，再用雷管引爆。轰隆隆几声巨响，坚硬的岩石便被炸得粉碎，露出了有用的矿石。

放上引爆装置的硝化甘油火药既方便又顶用，比用手一凿一镐地干，不知要快多少倍。从此，使用火药开矿山的历史开始了。

正在修建的横穿纳雷达山脉的铁路工程人员找到诺贝尔，要买新火药。新火药运用在开山劈岭的铁路建设工程中十分成功，工程进度大大加快，节省了数百万美金。在火药的威力下，铁路提前竣工，早日通车了。

随着新火药的使用，发明家诺贝尔的大名传遍了全世界。新火药广泛应用到生产上，提高了生产率，开始为人类造福了。

弟弟遇难

硝化甘油火药在矿山、工地发挥的威力是对新火药最好的宣传，于是，向诺贝尔工厂涌来的订单一天天增加，诺贝尔父子更加忙碌了。诺贝尔每天要钻进研究室做实验，要监督生产，要为订货四处奔忙。

诺贝尔本来就有头疼病，因为经常接触硝化甘油而时时复发，严重的时候还伴有哮喘。对此，诺贝尔只好不加理会，事情多得实在没时间去看病。

有一天，工厂急着要往矿山运送硝化甘油，但新火药牢牢地粘在木桶里，取不出来。大家都不敢去取，怕出危险。“其实，只要处理得当，硝化甘油并不可怕！”诺贝尔一边说，一边钻进桶里，用小刀往下刮，给工人做示范。望着桶里的诺贝尔，工人都捏着一把冷汗。直到诺贝尔取出桶中的硝化甘油，大家才松了一口气。当时，各地矿山及开凿隧洞的工人在使用新火药时还没有发生过事故，大家都说：“新火药比黑色火药还要安全。”

1864 年夏天，在大学念书的埃米尔放暑假回家了，全家人见到他都很高兴。诺贝尔握着弟弟的手说：“埃米尔，你回来得正好！我们真是忙得要命！”埃米尔兴致勃勃地打量着好久不见的工厂。过去还觉得宽敞的厂房，因为新添了不少机械、工具，塞得满满的，显得十分狭窄。工人也增加了，四五个人在车间里挥汗如雨，忙个不停。

伊曼纽尔高兴地对小儿子说：“销路打开了，收入也很可观！你大哥和二哥都写信说要回家团聚。要做的事很多，只是我年纪越来越大，精神不济，体力也不行了！”埃米尔挺了挺胸说：“有我呢。”

诺贝尔领着弟弟到实验室，向他介绍说，“矿山不断来订货，国有铁路山洞的开凿工程也开始使用我们的火药了。”埃米尔兴高采烈地说：“好极了。”

诺贝尔说：“可是，我们的工厂毕竟太小，生产的火药供不应求，必须同顾客周旋，内外兼顾，忙得不可开交。”埃米尔说：

“那么，工厂管理和火药制造由我负责，外边的工作更要紧，就由哥哥去负责吧。”诺贝尔说：“好，我也正想让你帮忙。工厂里的四五个工人已是熟练工人，一切都没有问题的。”

从这天起，诺贝尔有时做火药的实地爆炸，有时与顾主谈生意，终日东奔西走，忙个不停，而负责管理工厂的埃米尔与四五个熟练工人继续制造硝化甘油。

不知不觉，暑假已过了一大半，埃米尔快返校了。1864 年 9 月 3 日，诺贝尔一大早就要进城去。行前，诺贝尔向弟弟告别，并对厂里的工作做了交代。埃米尔说：“哥哥放心吧！我会组织大家完成生产任务，提前交出这批订货的。”

这是铁路公司订的 300 磅新火药，生产任务已经基本完成了。这天上午，天高气爽，伊曼纽尔夫妇正在吃早饭，突然“轰”的一声巨响，工厂顿时浓烟滚滚，烈火熊熊。当他们冲出房门后，看见整个工厂已经化作一根升腾的火柱。

“埃米尔和工人还在里面啊！”伊曼纽尔大喊一声，正要往里冲，卡罗琳拼命地拉住了他。

邻居们提着水桶赶来，但都怕再次发生爆炸，不敢靠近，只好眼睁睁地看着大火吞噬了工厂，吞噬了里面的人。

人们将已昏倒在地的伊曼纽尔夫妇抬进屋子，怕他们醒来看到惨不忍睹的景象。众人在冒烟的废墟里找到四具残骸，年轻的埃米尔也在其中。

诺贝尔闻讯赶来，映入眼帘的是断壁残垣和几缕白烟，工厂与实验室早已荡然无存，地上满目狼藉。他的心碎了，犹如万箭穿心。

母亲醒来后，哭喊着：“埃米尔，我的好孩子。”

诺贝尔听到哭喊声，回头见妈妈失魂落魄地坐在一个担架前，拼命地用手帕揩拭尸体上被血污与烟尘弄脏的脸。

诺贝尔痛心疾首，大叫道："埃米尔！埃米尔！"

诺贝尔和父亲强忍悲痛，厚葬了因工牺牲的埃米尔和其他员工。弟弟和其他工人同时遇难，诺贝尔痛不欲生。诺贝尔向父亲了解情况，并进行认真分析，对于事故的发生，心里多少有了底。原来，弟弟和工人在操作时没有看温度计。

诺贝尔觉得这场悲剧的责任全在他，因为他是这种爆炸化合物的发明人和生产者。这种威力强大的爆炸物出现后，必将造福人类。但它是把双刃剑，所有为此工作的人都要冒着生命危险。但是，在自己的工厂发生爆炸，这是诺贝尔接受不了的。

埃米尔出生在诺贝尔家最富裕的时期，加上又是最小的儿子，因此父母特别疼爱他，哥哥也都喜欢他。他也很争气，各方面都很出色。当初，诺贝尔曾鼓励弟弟说："哥几个你最聪明，你一定要上大学，把科学基础打得扎扎实实的。"

后来，埃米尔果然进了大学，一直刻苦学习，名列前茅。人们都说他将来必定成为有用之才，没想到刚念一年大学就不幸遇难了。

和埃米尔同时遇难的几个人，他们不惧危险，前来帮助诺贝尔，却遭遇了不幸。诺贝尔感到愧对他们，给他们的家属提供了丰厚的抚恤金，并一再道歉。

诺贝尔沉浸在失去亲人的悲痛中不能自拔，但眼前的问题必须处理。他不得不振作精神，收拾烂摊子。

处理了善后，诺贝尔想："假若我就此退缩了，那埃米尔和员工岂不白牺牲了？"

即使是为了实现弟弟的愿望，也要奋斗到底，不能被一时的挫折所吓倒，诺贝尔决心要重整旗鼓，继续战斗。

诺贝尔工厂爆炸事件发生后，立即引起全城骚动，耸人听闻的谣言不胫而走，添枝加叶的报道四处流传，而且越传越凶，甚至说新火药会将全城毁灭，斯德哥尔摩将从地球上消失。全城人心惶惶，仿佛世界到了末日，都担心有一天会炸到自己。

有的市民说："人都死了，警察在干什么？是不是要等死了更多的人才采取行动？" 有的市民说："为什么政府还允许这样的工厂存在？" 甚至有的市民说："诺贝尔一家是杀人犯，是刽子手，快逮捕他们！"

舆论鼎沸，强烈的谴责声不绝于耳，无形的压力迫使警察局立即采取行动，调查事故的发生经过，查出其中是否存在刑事上的过失。

当检察官传讯时，诺贝尔代替父亲出庭。自从惨遭横祸之后，父亲一直卧床不起。诺贝尔申诉说，虽然他利用父亲制造爆破器材的旧执照进行生产，但硝化甘油却属于他自己的专利，他个人对生产失败负责，愿意承担全部后果。

诺贝尔来到警察局，向局长做了陈述："虽然当时在场的人员都已遇难，我不能准确地说出原因，但我了解，很大可能是我弟弟在研究简化火药制造工艺时，发生了剧烈的化学反应，导致温度升高，这才引起硝化甘油爆炸。"

局长问道："那么，你们工厂制造硝化甘油时，采用的是什么办法呢？" 诺贝尔回答说："硝化甘油的制造方法有加温法和冷却法两种。" 局长又问："你能对这两种制造方法作一下具体说明吗？" 诺贝尔认真地回答道："当然可以！我详细介绍一下吧。所谓加温法，是把预先冰冻好的酸液和甘油一起灌进玻璃器皿，这时，液体的温度将升到60℃。接着，再将合成的液体倒进装满水的水缸里，浮在水上面的灰白色油状物就是人们所需要的硝化甘油。而冷却法是把硫酸和硝酸的混合液冰冻至0℃以下，然后一点一点地加入甘油，再继续冰冻。”局长继续问道：“那么，这两种方法你们都采用吗？”诺贝尔耐心地回答说：“不！采用冷却法虽然可以得到更纯净的硝化甘油，但冷却法在技术上还有不完善的地方，因此我们工厂不采用冷却法，而是采用加温法。”局长自作聪明地说：“从你的谈话当中，我明白了：冷却法因为温度低，没有危险；而加温法因为温度高，容易引起爆炸。我这样理解，没问题吧？”见局长做出这种结论，诺贝尔连忙解释道：“不会的！我们虽然用加温法，但温度绝对不会升到60℃以上。事实上，工厂正要出货的300吨火药，只有极少量发生了爆炸。”一听这话，局长的眼睛立即瞪圆了：“什么？300吨新火药只有少量爆炸，就使全城如同发生了地震，让大家惊恐万分，要是300吨火药都炸了，那会出现怎样的情形呢？”本来诺贝尔想借面谈的机会对硝化甘油的性质作详尽的说明，以消除当局的顾虑，没想到在愚蠢的警察局长面前，他的说明反而把事情弄糟了。局长说：“那还了得，极少量的爆炸，就发生那样大的灾祸！”接着，局长大喊道：“不准再制造硝化甘油火药了！”

尽管诺贝尔愿意承担一切后果，他父亲还是有可能被追究责任。丧子之痛已经严重地影响了老人的身心，如果警方再追究责任，那他肯定受不了。

但是，由于瑞典南方铁路公司和奥梅堡矿业公司暗中疏通，警方不得不手下留情。原来，铁路公司为了凿通苏德曼姆山的隧道，完成通向斯德哥尔摩的最后一段工程，一直在等诺贝尔工厂生产的硝化甘油火药交货，而那批货正好发生了爆炸。当初，诺贝尔曾经在矿工面前演示过硝化甘油的爆炸威力，令他们惊讶不已，因此矿业公司在一年以前就订了货。

两个公司都派人向当局疏通说："实验火药时，事故是难免的。如果说伊曼纽尔和诺贝尔有玩忽职守之罪，一个是儿子丧生，一个是弟弟丧生，对老人和哥哥来说，这惩罚已经够重的了。"

最后，警方只是禁止诺贝尔父子在城内继续生产硝化甘油火药，就此结案。这是因为瑞典国家建设急需诺贝尔发明的硝化甘油火药，并过问了此案。

硝化甘油股份有限公司

政府当局虽然同意诺贝尔在城外继续生产硝化甘油，但母亲坚决反对，不许他再接触硝化甘油。在越来越多的压力下，在发明火药的道路上，是继续前进，还是半途而废？就在诺贝尔面临艰难选择时，大哥罗伯特来到斯德哥尔摩，他是来探望因失去埃米尔而悲痛欲绝的父母的。

这天晚饭后，诺贝尔和大哥谈到了他目前的处境。诺贝尔皱着眉头，求助似的对大哥说："是继续干下去，还是放弃，我现在拿不定主意了。我正面临人生最艰难的抉择，大哥有什么建议吗？"

大哥想了想，建议道："我看你还是尽快放弃这个讨厌的硝化甘油吧。我们家的灾难还不够吗？也许它还会给我们带来更大灾难呢，这个硝化甘油实在不好驾驭啊。"

诺贝尔点了点头，想了又想，用商量的口吻说："可是，你应该知道，世上任何东西都有它积极的一面，也有它消极的一面。

要掌握好它们的规律，使其为我所用，这才是应有的态度。”

大哥劝道：“说得也是，可你为这么一个危险的东西花费了这么多的精力，付出了这么大的代价，究竟值不值得？你想过吗？凭你的聪明才智，如果干别的，说不定早就成功了。我看，你还是到芬兰和我一起创业吧！放弃这个可怕的硝化甘油，爸爸、妈妈也会替你高兴的。”

诺贝尔认真想了一会儿，摇头说：“不，你说得不全对。对于我的选择，爸爸的意见正好与你相反，爸爸支持我继续坚持下去，甚至说如果放弃，就对不起死去的弟弟了。只是妈妈坚决反对我继续干下去，她是担心我的安全。我是想继续干下去，可又面临很多困难：一是贷款几乎花光了，资金是个问题；二是政府禁止在市内搞实验和生产，厂址是个问题；三是受爆炸事件的影响，再申请营业执照恐怕会很难的。”

大哥听了这话，也认真想了一会儿，然后说：“既然面临这么多困难，母亲又坚决反对，你还是放弃吧。”

诺贝尔左右为难，最后说：“如果放弃，我实在不甘心啊，放弃就等于半途而废。再说，货款那么多，拿什么还？那些订货单都收了，拿什么东西付给人家？父亲那里怎么交代？”

罗伯特长叹一声，然后说：“我明白了，那我也支持你干下去。要相信，办法总比困难多；只要往前走，就不愁没有路。母亲那里，我帮你说服她。至于资金和其他困难，咱们共同想办法。”

诺贝尔一听这话，高兴地握住罗伯特的手说：“大哥，有你的支持，我心里就有底了。”

在罗伯特和父亲的劝说下，母亲终于点了头，同意让诺贝尔继续干下去。

诺贝尔马上去找向他们订货的两家大公司，不久，政府发给诺贝尔一张生产硝化甘油火药的新执照。

有了执照，剩下的问题就是资金和厂址了。一天，舅母爱尔德夫人前来探望诺贝尔的父母。当她得知诺贝尔正为资金发愁时，便说："我可以介绍你认识史密特先生，也许他会为你的新火药投资。"诺贝尔问道："您是说那位斯德哥尔摩有名的大富翁史密特先生吗？他可是一位工商界的大人物啊。"舅母笑了笑说："我只能介绍你们见面，能不能说动他，那要看你的本事了。"结果，诺贝尔与史密特一见如故，史密特十分赞赏诺贝尔的发明，并且极为看好新火药的发展前景，愿意投资，愿意与诺贝尔合作。这让诺贝尔感到绝处逢生了。

史密特利用诺贝尔在瑞典的专利权成立了一个公司，计划发行一百二十五份股票。史密特保留三十二股，他的合伙人卡尔·温纳斯特朗三十一股，而诺贝尔六十二股。诺贝尔决定将他收益的半数——三十一股——转赠给父亲。

1864 年 10 月 22 日，由史密特出资的第一家硝化甘油股份有限公司正式成立了。

从湖上工厂到陆上工厂

资金有了，下面的问题是在何处建厂继续生产硝化甘油火药。市政当局已经下了禁令，在市区是找不到建厂的地方了。

经过深思熟虑，诺贝尔提议把工厂建到城外的湖上。

史密特吃了一惊，耸了耸肩说："把工厂建在湖上？不是在开玩笑吧？"

诺贝尔解释说："我是说把工厂建在湖里的船上。这样做，市政当局就不会干涉我们了。”史密特点了点头说：“好主意，这是唯一可行的办法了。”

几经磋商，工厂的地点最后选在靠近首都的湖岸上，这样既可以节省运费，又能消除陆路运输硝化甘油时可能产生的危险。很快，诺贝尔买下了一艘废弃在梅拉伦湖畔的平底驳船，成立了“船上化工厂”，把工厂主体部分装置在船上，其他部分则设在岸上。诺贝尔身兼经理、总工程师和会计三职，忙得不可开交。订单越来越多，总产量不断提高，前景十分广阔。

可是，好景不长，诺贝尔工厂附近的居民得知这个工厂在生产一种威力巨大的火药时，立即纷纷提出抗议，不准“船上化工厂”停靠在湖畔，呈请市政当局勒令这条船开走。

诺贝尔的计划已经开了头，合同已经签了，订单已经接了，没有不交货的道理。

万般无奈，诺贝尔只好起锚，将驳船移到别处去。可是，不论他移到哪里，过不了多久，便会引起附近居民的抗议。有时候，农民扛着干草叉愤怒地吼叫，气势汹汹，十分可怕。为了避免冲突，工人纷纷来找诺贝尔。诺贝尔说：“天无绝人之路！不让在湖畔生产，咱们就移到湖心去，看谁还来干涉？”于是，诺贝尔叫人把驳船拖向湖心。

“船上化工厂”移到湖心后，终于安定下来，总算可以开始批量生产了。直到这时，诺贝尔才松了一口气！

冬天很快到了，湖面上寒风凛冽，有时还大雪纷飞。在这样恶劣的天气下，“船上化工厂”无法正常工作了。但是，任何事情都难不倒诺贝尔。1865 年 3 月，经诺贝尔多方奔走，加上瑞典北大铁路工程施工急需硝化甘油火药，瑞典政府终于批准诺贝尔在陆地建厂，指定地点是离梅拉伦湖16公里的一个叫温特威坎的荒郊。

最初，温特威坎工厂虽然生产规模不大，可它毕竟是诺贝尔经营的第一个正式工厂。在这座工厂开办初期，诺贝尔既是工程师，又兼管营销、财务、广告、通信等方面的工作。

不久，由于生产规模日益扩大，诺贝尔聘请童年时代的好友利德伯克工程师参与公司的管理和经营。同时，诺贝尔想到了大哥，想把罗伯特聘请到硝化甘油股份有限公司来工作。诺贝尔对大哥说："和我一起干吧，这是一项前景很好的事业。我可以把在芬兰制造硝化甘油的事全权委托给你，名义上是我的公司，实际上是你自己干。"罗伯特同意了。

罗伯特回到芬兰，以小额资本开辟火药事业。他决定和公众直接打交道，邀请各方人士参观新火药威力的公开表演。表演地点设在北港一座宏伟的俄国教堂下。他在海报上写道："经运河桥梁局长官批准，将举行硝化甘油与黑色火药大规模爆炸实验各二次，以资比较……硝化甘油爆炸前以红旗为信号，黑色火药爆炸前以白旗为信号。"届时，大批观众围住表演地点，和爆炸中心保持一定的距离。看到硝化甘油获胜后，欢呼声雷动。1865年春天，罗伯特在芬兰建造了一座小型工厂，生产硝化甘油。同年8月，这座小型工厂正式开工，并开始销售硝化甘油火药。可是，落后的芬兰对火药的需求量极低，供大于求，无法形成市场。

伊曼纽尔的身体越来越坏，罗伯特回斯德哥尔摩探视的次数增多了。每次回来都说："我在芬兰的业务太不景气了。"不久，设在瑞典的硝化甘油制造工厂以高薪聘请罗伯特回来接替诺贝尔的职务。因为除了诺贝尔，只有罗伯特对硝化甘油有足够的知识和实际操作经验，而诺贝尔要到外国去拓展业务了。

德国五年

在德国建厂

诺贝尔是一个精明的企业家，把了解市场和占有市场看作是企业兴衰的关键。搞清楚自己产品的发展前景后，诺贝尔决定在世界各国取得专利权，以便在靠近使用火药的地方建厂，或者至少是在使用火药的那些国家建厂。这样，既能发展企业，提高创收，还能减少运输中硝化甘油的爆炸事故，可谓一举三得。

谈到建厂地址，诺贝尔首先选择了德国，因为那里的采矿工程和铁路建设工程需要进行大量的爆破。正在这时，诺贝尔收到了一份来自德国的信，热情邀请他前往德国汉堡，洽谈有关联合生产硝化甘油火药的事宜。1865 年 3 月，诺贝尔动身前往德国汉堡。从此，诺贝尔迁居汉堡，开始了在德国的生活。

1865 年 6 月，诺贝尔与德国人合资在汉堡组建了他的第一个国外公司，即“阿尔弗雷德 · 诺贝尔公司”。这时，诺贝尔已经把国内温特威坎工厂扩建好，并在改进专利品方面取得了进展。从此，他迈出国门，开始同欧洲一些国家签订合同，建立规模更大的国外工厂。

1865年，诺贝尔决定在汉堡筹建一家硝化甘油制造厂，利用汉堡得天独厚的地理环境，制造火药向全世界出口。汉堡是一座拥有1000多年历史的古城，被称为“德国通向世界的门户”。诺贝尔选择在汉堡建厂，可谓占了有利条件。

另外，诺贝尔在德国建厂时，推动德国统一的风云人物——时任普鲁士王国首相的俾斯麦顺应历史大潮，在政治、经济、军事和外交方面大力改革，加速了德意志的统一。在俾斯麦推动德意志统一时期，正是诺贝尔在德国大展宏图之际。德国的经济建设为诺贝尔提供了用武之地。他发明的火药威力无穷，受到了俾斯麦的青睐。

在俾斯麦的努力下，普鲁士成为德意志中最有实力的国家之一，最有可能统一德国。经过多次外交努力和战争，在击败了德意志中另一强国奥地利和欧洲大陆霸主法国后，德国最终实现了统一。俾斯麦正是利用诺贝尔发明的火药，在推动德国统一的战争中节节胜利。诺贝尔利用他的天才发明，为德国统一做出了重大贡献。

诺贝尔发明威力强大的新火药的消息传遍了拥有采矿业和实施大规模铁路建筑计划的国家，使得新火药供不应求。奥地利、比利时、英国、美国，以及后来的澳大利亚等国家都主动地向诺贝尔工厂订货了。这样，在汉堡附近增建新厂已成为刻不容缓之事。

1865年冬，诺贝尔又选定了一个建厂地址——克鲁梅尔。厂址位于一个野草丛生的山谷，但是地理位置极好，它的正北面不远处就是当时欧洲大陆最大的进出口航运中心——汉堡。

克鲁梅尔工厂开工时，拥有 50 名雇员。这里生产的硝化甘油通过马车、铁路、船舶运到德国各地，用于铁路工程、矿山开发等各种和平事业，并取得了明显的效果。

汉堡地区的行政机关要求诺贝尔兴建的硝化甘油厂制定严格的安全措施：厂房必须同有居民的建筑保持适当的距离，确保居民安全；一定要在工厂四周建高达 3 米，厚达 4 米的围墙，即使朝向河流的一面也必须建墙。

这些防范措施实属必要，万一发生硝化甘油爆炸事故时可以减少伤亡。虽然硝化甘油在正常情况下显得无害，但长年累月从事生产的人员操作时往往掉以轻心，因而事故仍然不断发生。

当年，从硝化甘油工厂运往各地的火药产品通常是装在铁桶里，或者装在大玻璃瓶内，外面再用柳条箱包装。但用户和运输人员对这种火药的特性缺乏常识，往往漫不经心。因此，运输工具、仓库、工厂被炸毁和人员被炸死炸伤的情况时有发生。

诺贝尔父子工厂爆炸事故发生之后的一个月，即 1864 年 10 月 6 日，伊曼纽尔中风了。在企业发展形势大好的情况下，这位操劳过度、饱尝丧子之痛的老人，在此后长达八载的有生之年，一直卧床不起。对于妻子来说，这是一个极度难熬的时期，8 年是多么漫长的时间啊，但她勇敢地挑起家庭的重担，无微不至地照顾着丈夫，免去了儿子们的优虑，可以让他们在外面安心工作。

在德国，诺贝尔总是惦记远在故乡的父亲。

父亲的病情时好时坏，虽然看过不少医生，母亲寸步不离地悉心看护，却始终没有起色。一天，母亲好不容易才得空给诺贝尔写了封信，信里所写的都是父亲的病情：“这 6 个月里，你爸爸每天都躺在床上，就是翻个身也非要有人帮忙不可。你想，对你爸爸那样好动的人来说，有比这更痛苦的事吗？”

这时，父亲已经卧床半年了。两个月后，父亲的亲笔信也来了。父亲的信是这样写的：“儿子，我的手脚有了感觉，开始恢复动作了。医生建议我去温泉疗养，可这太费钱，我没同意。”

在这封信上，母亲还加了几句话，说明父亲的实际健康情况，原来老人连别人扶着都不能走路。母亲还说：“你父亲对发明念念不忘，又开始异想天开了。你只要想想不幸的爸爸现在过的是怎样一种单调乏味的生活，就不会觉得奇怪了。在床上躺了这么长时间，丝毫动弹不得，甚至没人扶持就躺不下。这对老人的耐心真是一场考验。你父亲希望能出现奇迹，因此希望能送他到诺泰琪温泉去治疗。”

读到这里，诺贝尔不禁掉下了眼泪：“把一生献给发明事业，并培养我们成为发明家的父亲，如今竟落到了这种地步！早知温泉能治病，何必让父亲遭这些罪？”

这时，诺贝尔正要创办克鲁梅尔工厂，为了奠定事业的基础，再多的资金也觉得不够用。因此，他手头上甚至没有可以自由支配的钱。于是，诺贝尔开始东奔西走，为父亲筹款。最后，他不得不出售几股瑞典硝化甘油的股票。另外，他又把挪威的专利权以 20 万克朗的现金卖掉了。

诺贝尔出售专利权，可以说是空前绝后的事，这是他一生中唯一一次以现金的形式出售他的专利权。

诺贝尔把钱寄回家，让父母到诺泰琪去疗养。他说：“如果爸爸能康复，任何牺牲也在所不惜。”接到诺贝尔的汇款后不久，父母便到诺泰琪温泉去疗养了。

母亲到诺泰琪温泉后不久，在写给娘家的信里说：“我们的爱子诺贝尔真孝顺，幸亏有他，我们俩才能够住在这里，天天无忧无虑地洗着温泉浴。伊曼纽尔健康已恢复了不少，这实在是可喜的事。我在这里精神也好多了。我们能在这里洗温泉浴，除了上帝，我们得感谢我们的小诺贝尔。我完全相信我们已见成效。实际上，伊曼纽尔在户外寸步难行，但他感到比以前强壮多了，而我也觉得身体好些了。”

伊曼纽尔稍一恢复健康，又有精力开始酝酿一些发明了。虽然火药已叫他害怕，但他还是动过一个念头：要发明一种新火药——一种破坏力大得任何人都想象不出的火药。这种火药概不销售，只用于制止战争。他将把这种火药赠予一位仁慈的独裁者，赋予任何人或任何国家都无法与之抗衡的威力。伊曼纽尔认为人类如果想要在今后几个世纪消灭战争，就需要有这种唯一的独裁者。火药只有发展到这种地步，才能证明他毕生搞火药是正义之举，才能让天下人明白他的心。

动过这个念头之后，伊曼纽尔仿佛又回到了青年时代，感到浑身是劲。他想到实验室去，将他的念头付诸行动。但是，两脚不听使唤，他费了九牛二虎之力也没能站起来。这时，他明白了，自己的念头虽好，也只能交给年轻人去完成，因为他再也站不起来了。

伊曼纽尔一边安心疗养，一边转变思路，转而关心人民的福利问题，而且抓住了一个自己力所能及的问题——瑞典的经济问题。他想技术上的新发展能为企业提供巨大财富，能为劳动力解决就业出路，能为政府创造前所未有的善政。于是，他制订了一个实施开明经济政策的方案。

母亲认为伊曼纽尔的举动荒谬可笑，她写信给诺贝尔说：“他现在又开始突发奇想，忙于各种事务了。这些天，他叫别人跟着忙个不停。不过，据我看来，他似乎都是在白忙……这是他过去积极活动的必然结果，如今不过是死灰复燃。这段时间对可怜的老人来说委实太长，太难受了。”

谁也没想到，温泉疗养产生了奇效，伊曼纽尔发现四肢有些听使唤了。渐渐地，他能够偶尔起床并稍事活动了。

疗养结束后回到故乡，伊曼纽尔脑子里的种种想法越来越多，但妻子不把它当真。其实，他的许多想法虽然大而无当，但却有实际的意义。

伊曼纽尔为越来越多的瑞典人背井离乡去海外谋生感到震惊，便认真研究祖国的经济问题。他认为解决这一问题的最好办法是靠工业发展恢复国家元气，靠新的发明为瑞典人解决就业问题。他发现祖国有些不值钱的原料，却可以用来制造对公众有用的新产品。经过长时间思考，他把注意力对准了人们不屑一顾的碎木片。在瑞典国内，锯木厂里的碎木片多得无法处理，只好一烧了事。伊曼纽尔想，这种废物能不能制造出什么东西呢？它的量太大了，烧了实在可惜。他对这个问题想了又想，并不断实验。

功夫不负有心人，伊曼纽尔经过反复实验，最后终于用这些废木料制成了胶合板，催生了一个新的工业品种，并获得了胶合板的发明专利权。他发明的胶合板可以做旅行箱、摇篮、婴儿车、活动房屋等。后来，这种胶合板工业在美国大为发展，为人类树立了废物利用、变废为宝的典范。

伊曼纽尔在以后的日子里，还完成了几项很有远见的设计，并且提出了一些异想天开的构想。作为一位热心的爱国者，伊曼纽尔一直忙于适合瑞典国防需要的小型发明。

失去生活能力的伊曼纽尔全靠幻想来打发病床生活的无聊，等他稍能动手写字并处理身边琐事时，便把几年来深思熟虑的见解写出来，集成一本小册子——《为缓和失业所带来的移民热而创设的新产业案》。在书的前面，他这样写道：“我卧病已有5年，5年来我都是在病床上过日子，常常因病痛不能入睡。过去几十年不断操劳的肉体终于停止了活动，所幸脑子的活动并没有停止，还能思考。我日夜思虑着这个问题——为失业者找适当的工作。如今，我发现工作的来源了。”

在当时，尽管这部书被认为纯粹是伊曼纽尔的空想，但即使是反对他的人也不得不承认他那积极的进取精神，以及他的自信心和卓越眼光。

在以后的年代里，伊曼纽尔碎木片利用这一思想在全世界的建筑业和家具业里以三合板等形式得到了证实和发展。《为缓和失业所带来的移民热而创设的新产业案》这本小册子谈到的那些颇有远见的想法，至今对人们仍有启发。

伊曼纽尔不仅培养出诺贝尔这样伟大的发明家，他的创造精神还影响了一代人。他拖着病体，顽强地从事科研工作，直到1872年去世，终年71岁。

美国之行

在漫长的5年间，诺贝尔在德国兢兢业业，全身心地投入硝化甘油火药的研制中。但他的工厂总是充满了紧张气氛，他心里更是焦虑不安。

原来，由于火药生意的冒险性、当局的不信任，以及缺乏资金和原料，诺贝尔和他的助手处境狼狈，每天都忧心忡忡。

生产硝化甘油火药本是造福人类的大好事，但却往往造成灾难。当时，消费者和运输者对硝化甘油的特性缺乏认识，对说明书漫不经心，有的人甚至连看都不看，加之硝化甘油的不稳定性，可怕的爆炸事故很快便在世界各地发生了。

在爆炸事故中，人员死亡，运输工具、仓库和工厂被毁，以致用户和公众的恐慌情绪日益增长，用户所在国当局采取了越来越多的限制。有几个国家颁布了禁止硝化甘油火药进口的法令，从而使在温特威坎和克鲁梅尔的工厂有了停产的危险，在挪威和芬兰的建厂计划被迫搁置，诺贝尔的公司和新取得的市场受到了严重的影响。

一天清晨，诺贝尔走进办公室，拿起桌子上的报纸。那是1865年12月4日出版的汉堡报纸。一行大字标题——《纽约市旅馆大爆炸》映入了他的双眼，他的心剧烈跳起来。他急切地阅读这篇文章，文章说："1865年8月，一个德国籍的推销员西奥多·吕尔斯住进了纽约市格林威治街的仪明旅馆。他离开旅馆时，把一只木箱交给旅馆里搬行李的工人帮他照看，说过些日子来取。一直到了12月，吕尔斯也未来取箱子。这时，木箱开始发出一种酸味。于是，一位顾客帮着搬运工把木箱抬到街上扔掉，没想到那木箱一触地就爆炸了。这次爆炸把旅馆及附近的房屋的门窗都震坏了，街道上炸出了一个深达一米的大坑，致使十八人受伤。"

读完这段新闻，诺贝尔十分忧虑，说道："担心的事终于发生了！"这时，他脑海中又泛起了弟弟遇难时的惨象。

1866年3月，澳大利亚悉尼的硝化甘油仓库发生爆炸，是仓库里面的硝化甘油引起的。没过多久，又一张登有爆炸新闻的报纸摆在了诺贝尔的桌子上，报纸上说："1866年4月3日，一艘满载武器的轮船经巴拿马运河向太平洋行驶。途中，放在甲板上的硝化甘油突然爆炸。轮船被炸得七零八落，码头也几乎被毁掉。铁路公司的货栈是一座铁石建筑，离爆炸的轮船起码有200多米，但在爆炸气浪的冲击下，货栈完全倒塌。在这次爆炸事故中，财产损失虽然很大，但比起生命的损失则微不足道。有四十七人在这次爆炸事故中不幸丧生，受伤者不计其数。根据警方调查，引起这次爆炸的与不久前在纽约格林威治街引起爆炸的是同一种物品——硝化甘油。”

4月3日，在巴拿马运河上的轮船爆炸的同一天，旧金山也发生了仓库爆炸，有十四人死于硝化甘油。

灾难相继发生，爆炸像瘟疫一样四处蔓延。噩耗频频传来，诺贝尔坐不住了。

诺贝尔陷入内外交困的境地，他的事业一下子从巅峰跌入谷底。爆炸引起了社会惊恐，许多国家迫于群众的压力，做出禁止硝化甘油进口、运输甚至生产的决定。

诺贝尔认为不能坐以待毙，为了重新打开局面，必须亲自出马，普及有关硝化甘油的安全知识，消除人们对硝化甘油的恐惧心理。该从哪入手呢？经过思考，诺贝尔选中了美国。

诺贝尔知道美国这个幅员辽阔、人口众多、生机勃勃的国家，其工业化的浪潮正以一日千里之势向前发展。美国人正在向大自然挑战，修铁路、开矿山、挖运河，离开火药是不行的。

1866年初春，天气渐暖，诺贝尔把克鲁梅尔工厂的生产安排妥当后，便动身去了美国。在那个时代，人类社会尽管出现了很多方面的进步，但交通仍处于比较落后的状态。

那时，坐火车或坐轮船进行长途旅行充满了煤烟和灰尘，是件十分痛苦的事。诺贝尔经常晕车晕船，还要携带装有火药样品的沉重的手提箱。为了开拓市场，诺贝尔不惧舟车劳顿，饱尝了旅途颠簸之苦。

那时，美国南北战争刚刚结束，国家正处于恢复和发展时期。美国北方在南北战争中的胜利确立了北方大资产阶级在全国的统治地位。内战消灭了奴隶制，从而为美国资本主义的迅速发展扫清了道路。建筑泛美铁路，向西部拓展，开采石油，挖掘金矿，这些都离不开火药。但是，硝化甘油既是福星，也是祸星。

诺贝尔于1866年4月15日抵达美国，还来不及开展工作，4月17日的《每日论坛报》上就刊出旧金山发生硝化甘油爆炸的消息："昨日在本市威尔斯——法戈公司大楼附近发生了一起可怕的爆炸，七人死亡，十几人受伤。有几个死者已无法辨认，其断肢残骸和脑浆飞溅两个街区。爆炸处数百米之内，看不到一扇完整的窗子。大楼严重被毁，估计损失至少达20万美元。爆炸的原因尚未查明，但据太平洋邮船公司货运经理处透露：有两只装有硝化甘油的箱子，曾从轮船上卸下来，运往出事地点。"

由于爆炸的频频发生，美国不少城市颁布法令：凡发现硝化甘油一律收缴，予以销毁；凡拥有或储存硝化甘油的人一律传讯。

前一小时还被誉为"新文明的希望"、"新产业的先驱"的诺贝尔，在美国一下子成了危险人物而不受欢迎了。他到处受白眼，几乎到了人见人厌的程度。

美国的旅馆不肯接待诺贝尔，他们把"诺贝尔"和"爆炸"视为同义词了。美国的旅馆接待员众口一词："对不起，诺贝尔先生，已经客满了，请另找住处吧！"

这一切全在诺贝尔意料之中，他没乱了方寸。他派人在全城张贴广告："诺贝尔先生即将公开进行硝化甘油爆炸实验。"

实验时间定在5月4日，地点在纽约第八大道和第九大道之间的空地上。届时，来参观的人寥寥无几，而且即使来了也是战战兢兢，站得远远的，一点不敢靠近。

诺贝尔一边做实验一边说："请各位注意，看好了，我把硝化甘油滴一滴在铁板上，然后用铁锤敲击。""砰"的一声，诺贝尔手中的大锤落下，硝化甘油虽然发出了尖锐刺耳的响声，但诺贝尔并未受伤。他对大家说："诸位都看见了，这样用力敲击，只有撞击的部分发生爆炸，其余部分不过被炸飞而已。如果想要使它全部爆炸，就必须把它装在岩石缝里或铁器中加以密封，并有导火线才成。"说完，诺贝尔又做了一次真正的爆炸，显示了硝化甘油的惊人威力，参观的人啧啧称赞。

虽然诺贝尔做了很大努力，但事业并无进展。一是德国克鲁梅尔工厂生产的产品运到遥远的美国，安全成了大问题。另一方面，出于地方保护的自私目的，诺贝尔的产品受到美国大军火制造商的抵制。

正当诺贝尔在美国努力缓和紧张局势时，欧洲方面对诺贝尔也越来越不利了。先是法国和比利时公布了禁止硝化甘油制造和贮藏的法律。接着，连瑞典也效仿了。英国虽然没有明文禁止制造硝化甘油，但却发布了有关硝化甘油的严厉管理办法和取缔条例，等于禁止一样。其他不少国家也开始禁止火车运输硝化甘油，见了硝化甘油如临大敌似的。

所有这些，对诺贝尔公司来说是致命的。原有的成品无法出货，硝化甘油堆满了仓库。已经载满了硝化甘油的汽船在海中抛锚停运，有的硝化甘油准备载货时遭到查禁，被搬回仓库；有的硝化甘油已经运达目的地，却无人领货。这一切给诺贝尔造成了巨大的经济损失。

虽然所有的工厂都停止制造硝化甘油了，但仅仅存在克鲁梅尔工厂仓库里的硝化甘油成品就有 10000 磅。这么多的成品滞销，假如没有有效的解决办法，一定会破产的。

管理克鲁梅尔工厂的狄奥多尔·艾克勒写信给诺贝尔说："自从您离开此地前往纽约以来，一直没有信息，颇为挂念。倘若在那里没有把握设立公司，请早日回来，这里有许多事情在等您的指示。"

诺贝尔回信说："依我的想法，一定要请各国政府任命专门委员调查我们的火药是否属于危险物，然后由这些委员草拟火药的运输、管理等法律或规则来管理它，一切就没有问题了。现在，我们只有忍耐，静待时机，这是最聪明的办法。我相信时机必会来临。目前，我们这种事业就好像在海上和风浪苦斗的船只一样，只要留意不把船沉没就好。风不会吹个不停，总有一天会停止的。因此，您的坚持比什么都重要。为完成公司的事业，请继续奋斗。"

诺贝尔想，欧洲后院起火了，美国这方面的事必须搞好，否则便全盘皆输了。于是，他决定进行最后一搏。不久，他的努力得到了回报。

美国当局在权衡利弊之后，还是选中了硝化甘油。1866 年 8 月 14 日，诺贝尔在美国取得制造和使用硝化甘油的专利权（注册第 57175 号），人们认识到了生产硝化甘油的重要性：当时正处于国家恢复和发展时期，只有引进硝化甘油，国家才能一日千里地前进；否则，全靠人力，只能像蜗牛一样前进，白白浪费大好时光了。

但是，从德国克鲁梅尔出口硝化甘油到遥远的美国，无论如何也满足不了美国经济飞速发展的需要。再者，通过从汉堡直达纽约的轮船运送商品是比较容易的，而将这种容易爆炸的硝化甘油转运到旧金山或者中西部，则有太大的危险。为了解决这个问题，诺贝尔认为必须在美国建厂生产硝化甘油。

然而，在美国建厂谈何容易，这项提议遭到了美国大军火制造商杜邦的强烈反对。因为一旦诺贝尔在美国建厂，他的固定市场势必受到硝化甘油的严重威胁。为了抵制硝化甘油，杜邦竟在报刊上宣称："谁使用硝化甘油，谁就必然丧命，只不过是时间早晚的问题。"

面对重重困难，诺贝尔依旧没有后退。经过他的不懈努力，终于在美国开设了一家大公司——"美国爆炸油公司"，并开始大规模生产硝化甘油，从而避免了运输进口硝化甘油的危险。

硝化甘油的巨大威力震动了美国，几乎所有需要火药的人都在不择手段地寻求它的配方，以便从中获利。不久，美国各地出现了硝化甘油的假冒产品。

当时，美国法律界十分混乱，企业经营出现了恶性竞争，不讲信誉是家常便饭。结果，诺贝尔在美国很快就遇上了有关硝化甘油所有权的纠纷和诉讼。

由于股东的诈骗行径，诺贝尔对企业的组织和经济整顿无法实现。部分股东用狡诈的手段巧取豪夺，导致了没完没了的官司。他们把诺贝尔的配方略加变动，将产品冠以新的名称，如"高效火药"、"双硝火药"、"劈石粉"、"大力士"、"铁路火药"等，然后竞相投入市场。这不仅抢走了诺贝尔的市场，而且威胁到他的专利权。

法律纠纷使诺贝尔对公司在美国的发展越来越没有信心了，

只得准备离开。他说："我再也不想来美国了。我发现在美国的生活并不愉快。对金钱的过分追求，破坏了人际交往的乐趣。太多人的哲学只是满足个人需求，唯利是图，而彻底毁掉了廉耻心。"

虽然诺贝尔在美国经营失败了，但他毕竟将硝化甘油这个新事物带到了美国，为美国的发展做出了巨大的贡献。

固体火药

恰在这时，诺贝尔建在德国克鲁梅尔的硝化甘油火药工厂因发生大爆炸而毁于一旦。正准备离开美国的诺贝尔立即登上轮船，匆匆赶回德国。他面临着十分严峻的局面和巨大的经济损失。

两年前那次发生在家乡诺贝尔父子工厂的爆炸至今记忆犹新：弟弟身亡，父亲中风，债台高筑，前途渺茫，诺贝尔欲哭无泪。今天，克鲁梅尔工厂的硝化甘油爆炸给诺贝尔带来的是又一次命运抉择：是承认失败，收拾烂摊子，洗手不干；还是改进技术，做出新发明，开辟新天地。诺贝尔毅然决然地选择了后者。他信心满满，决心要反败为胜。

诺贝尔仔细回想了一下，他觉得克鲁梅尔工厂的爆炸是一件意料之中的事。因为开始接触硝化甘油的时候，人们都是非常谨慎的，可时间一长，接触得多了，便习以为常，警惕性放松了。有的搬运工人甚至把渗漏出来的硝化甘油当成普通的油注入车轴里，或者当擦皮鞋的油使用。到了冬天，硝化甘油冻结成固体状，有的人用铁棍子砸它，有的人还把它掺在灯油里。

如果是熟知硝化甘油性能的人，听到这些一定会感到毛骨悚然，因为这样做必然会发生爆炸事故。

在德国，有个店主去买硝化甘油，由于粗心大意，导致本人和店员都被炸得粉身碎骨；奥地利的一个硝化甘油火药仓库发生爆炸，死伤十余人，给好多家庭造成了不幸；有一天，一艘船停泊在港口，工人往岸上卸货时，硝化甘油火药偶然掉进海里，结果船被炸毁，船上十多人被炸死。

这次，克鲁梅尔工厂大爆炸留给诺贝尔的只是一片废墟。面对废墟，诺贝尔万分痛心。

从1863年开始，诺贝尔就意识到液态硝化甘油的不足之处，克鲁梅尔工厂的爆炸更是一针清醒剂。这次爆炸事故发生后，诺贝尔下决心要把硝化甘油液体火药改制成硝化甘油固态火药，以确保安全。

为了技术员和工人的生命安全，诺贝尔叫停了硝化甘油的生产，在废墟上建了一个简陋的小型实验室。他一头钻进实验室，夜以继日地开始了紧张的实验工作。为了便于运输和安全操作，他发誓要把液态的硝化甘油制成安全的固体火药。

诺贝尔停止了一切活动，一心一意搞发明，大哥罗伯特也前来帮忙。

经过激烈辩论，认真研究，反复探讨，终于找到了问题的关键，那就是改变硝化甘油的浓度。

诺贝尔知道要增加硝化甘油的安全性，用甲醇将其冲淡就可以了。可是，硝化甘油不能理想地溶解于甲醇中，使用时还得用水冲洗。这样，不但非常费事，而且洗过后的火药比通常的硝化甘油威力还要差。

诺贝尔想如果不用甲醇这种液体，而用别的固体来混合硝化甘油会怎样呢？如果可以用固体的话，到底应该用哪一种固体呢？

诺贝尔把他想到的固体物质一一拿到实验台上，以各种比例和硝化甘油混合，然后进行爆炸实验。结果，这些物质都各有利弊，均不理想。

诺贝尔日夜冥思苦想，一定要给硝化甘油找到理想的混合物，竟到了废寝忘食的程度。他想，既容易管理，又能安全运输，还能使硝化甘油发挥100%爆炸力的物质到底是什么呢？

有一天，诺贝尔实在太累了，不得不休息一下，便信步走到附近的仓库。爆炸事故发生后，地上一片狼藉，空油桶东一个西一个。在仓库的一角，堆着一些盛着硝化甘油的铁罐。

诺贝尔站在这些铁罐前，发现粘在铁罐上的泥土看起来像泥土，其实不是泥土，而是由铁罐里流出来的硝化甘油浸入矽藻土中变成的混合物。

矽藻是一种极小的藻类，表面有硬壳。这种藻枯死后，外壳会留下来。经过几万年的堆积，变成像土一样的东西，人称矽藻土。这种又轻又松的矽藻土有无数的小孔，而且越干燥小孔的数量越多，因而具有极强的吸收力。

诺贝尔心想，多么强的吸收力啊！这真是吸收硝化甘油最好的物质啊！如果把硝化甘油装进铁桶前，用矽藻土加以混合，不就是很安全的固体火药吗？

矽藻土有许多小孔，具有很强的吸收硝化甘油的能力，吸收能力是木炭粉的三倍。于是，诺贝尔将硝化甘油同矽藻土合为一体，变成了黏土状的东西后，试验它是否安全。诺贝尔首先把它从高处抛下来，没有爆炸；又把它放在铁板上用铁锤砸，还是没有爆炸。如果是液态硝化甘油火药，这样做早就发生剧烈的爆炸了。

诺贝尔为使这种矽藻土和硝化甘油的混合物爆炸，又进行了各种实验。最后，终于得出了满意的结果。助手们兴奋极了，眼睛里闪着胜利的光辉，齐声高呼："了不起！"诺贝尔提醒大家说："我们还要实验一下它的爆炸力如何。"于是，他们把黏土状的硝化甘油与矽藻土的混合物搓成棒状塞入凿好的岩洞中，然后用雷管点燃它。结果，硝化甘油与矽藻土的混合物发生了剧烈的爆炸，把岩石炸得粉碎。

硝化甘油与矽藻土的混合物性能稳定，怎么摔打也不爆炸，还不淌不流，重量也轻，极容易搬运，更易于保管。其爆炸力与硝化甘油火药相差无几，诺贝尔日思夜想的安全火药终于研制出来了。

经过实验，诺贝尔宣布："这种火药虽然比硝化甘油的爆炸力低 25%，但是，却比黑色火药的威力高 4 到 5 倍，而且克服了硝化甘油的不足之处，消除了火药对震动与温度的敏感，运输也不再那么困难了！"

1866 年 10 月，新火药的实验在德国克鲁梅尔举行，政府委员与学者都参加了。实验非常成功，参观的人众口一词："真是好东西，爆炸力够大，搬运起来也安全。"

实验成功后，人们都称这种新火药为固体火药。诺贝尔立即把这个消息告诉了父母、哥哥和朋友们。父母来信说："祝贺你，孩子。你做到了！"

他的哥哥和朋友们也都为诺贝尔的成功感到由衷的喜悦。

在实验室里，助手们说："诺贝尔先生，给这种新火药起个名字吧！应该起一个好名字，因为它是人类历史上最了不起的一大发明。"

诺贝尔喃喃自语道："叫什么名字好呢？'硝化甘油矽藻土'？'固体硝化甘油火药'？'矽藻硝化甘油火药'？这些都不好。应该起一个与猛烈的爆炸力有联系的好记的名字，就叫‘达那火药’吧。”“达那”在希腊语中是“力量”的意思。

为了做到万无一失，诺贝尔进一步反复实验，努力提高达那火药的爆炸威力和安全性能。

诺贝尔经过无数次的实验，这种安全火药的最后配方是把三份硝化甘油和一份经过烧炼筛选的矽藻土混在一起。这样，硝化甘油能够立即被矽藻土吸收，变得像黏土那样坚固。

自从矽藻土为诺贝尔发现并用作硝化甘油的吸附剂后，矽藻土变成了一种极有价值的新材料，开始被人们称为“白色的金子”。

固体火药制成后，诺贝尔立即在德国取得了专利权。接着，在英国、瑞典、美国等地也都进行了专利权登记。这种火药也被称为“诺贝尔安全火药”。

诺贝尔向人们解释说：“这种被称为‘达那火药’的新火药，不过是硝化甘油同有很多毛孔的矽藻土的结合物。如果说我给它起了一个新名字，这实在不是为了掩盖它的本质，而是为了引起人们对它的爆炸特性的注意。这种特性很不寻常，以至于有必要来为它起一个新的名称。”

达那火药是三十三岁的诺贝尔带给世界的一项划时代发明，这是人类第一次完全有效地控制了硝化甘油，使它成为以后所有化学火药工业的基础，并使无数人免于灾难。

达那火药问世后，备受欢迎。它的安全性获得了肯定，其威力也比黑色火药大得多。从 1867 年到 1874 年，诺贝尔工厂的达那火药总产量直线上升，形势喜人。

1875 年，诺贝尔自己列出的生产数字表明了达那火药的增长情况：

1867 年……11 吨

1868 年……78 吨

1869 年……185 吨

1870 年……424 吨

1871 年……785 吨

1872 年……1350 吨

1873 年……2050 吨

1874 年……3120 吨

诺贝尔的巨大成功为他赢得了世界性的荣誉，这时，对诺贝尔来说最重要的工作就是保护他的发明。

诺贝尔要亲自办理这方面的事务，特别是那些处境危险的化学专利权。为此，他深感时间不够用，他觉得这太浪费时间了。于是，他不得不在世界各地为自己寻找金牌律师，还要为对付窃取他的劳动成果的卑鄙小人聘请狡猾的律师。

达那火药问世后，给诺贝尔和他的企业带来了巨额收入，资本也大量增加了。在各个国家或地区，诺贝尔的公司、工厂和市场都有了很大的发展。

从 1867 年开始，汉堡的“诺贝尔公司”将数量不断增加的达那火药发往广阔的德国市场，而且很快也运到了其他海外市场。

1870 年后，不再这样长途供货，而是由在各地接连建成的新工厂承担全部供货的生产。

在诺贝尔的指挥下，法国人巴布从巴黎的诺贝尔公司调到汉堡。在以后的四年里，他一直担任那里的组织经理。与此同时，诺贝尔在汉堡的两名助手被调到巴黎的法国总公司工作，这是国际企业人员交流的一个早期范例。这样做，既可优势互补，又可互通有无。

汉堡公司开张时的资本为350万马克，其中多数属于诺贝尔和巴布。为了使诺贝尔活动方便，他们在奥地利和匈牙利另建了一家公司，总部设在维也纳。由于生意成功、不断改进的专利发明，以及基于这些专利发明的新产品的制造，人们纷纷购买这家公司的股票，导致它的股金不断增长，由原来的350万马克增加到1918年的3600万马克。

诺贝尔慧眼识人，用人不疑。诺贝尔的好友古斯塔夫·奥弗施拉格博士，从1889年起加入公司，足足干了30年，一直是公司的董事，后来还担任了总经理。他干得很出色，为公司在国外的利益做出了卓越的贡献。

意大利最初是从法国输入达那火药，渐渐的光靠输入已经供不应求，便在1873年设立了达那火药工厂。接着，西班牙也设立了诺贝尔分公司。

这样，欧洲各国都有了达那火药的公司或工厂，诺贝尔的事业开始兴旺发达起来。

事业走上了正轨，诺贝尔终于可以集中精力搞发明，以扩大他的事业范围了。

诺贝尔永不满足于现状，他说："我对达那火药还不满意。它的安全是以降低爆炸力为前提的，这是它最大的缺点。"

于是，诺贝尔又开始了艰苦的实验，将一切可以提高爆炸威力的东西都拿来实验，如硝石粉、松香、糖、淀粉等。

实验证明这些东西都各有缺点：凡是能吸附硝化甘油的，同时也能吸附水分，使火药受潮而失效。最后，诺贝尔决定把硝化甘油和硝化棉的优点结合起来，制成一种爆炸力比达那火药更强、安全性能也好的新火药。

1867 年，诺贝尔派他在克鲁梅尔工厂的助手温克勒带上几箱达那火药的样品前往美国。与此同时，诺贝尔请加利福尼亚代办处的本德曼以他自己的名义在美国申请达那火药的专利。本德曼代办处使银行家和火药商对达那火药发生了兴趣，形势喜人。

到美国后，温克勒按照诺贝尔的操作规程用达那火药样品作了示范表演，此举立即见效，一个新的公司匆匆组成，取名巨力公司，股份的三分之一归诺贝尔所有，外加两万美元现金。

在工业化迅速推进的美国，达那火药的难以估量的宏伟前景使无数野心家跳了出来。

为了牟取暴利，有些人置别人的专利权于不顾，也不怕对方提出诉讼，采用种种欺骗甚至暴力手段达到目的，多种硝化甘油的异体化合物开始被制造出来与巨力火药公司竞争。

达那新火药的另外一些混合剂，犹如伊曼纽尔曾经研制过的火药，别的化学家也可以制造出来，越来越多的财团大胆地冒着被起诉的危险制造达那火药。

有个竞争者特别胆大，竟让人出面声明达那火药是他而不是诺贝尔发明的。他将所有与诺贝尔专利有关的人都告上了法庭。此人是德国克鲁梅尔工厂的前任经理迪特默，曾于 1866 年协助诺贝尔做过矽藻土实验。虽然迪特默最后受到处分，但巨力公司就专利受侵一事与另外一些人的纠纷长时间得不到解决。

按照美国法律要求，被告诺贝尔必须出庭起誓，声明有争议的发明全属他个人。诺贝尔是位绅士，觉得去法庭有失身份，因而拒绝出庭。这样，诺贝尔本人给维护专利权的斗争带来了困难。

诺贝尔没有参与在美国发生的这一系列的争斗，美国那永无休止的争斗令他伤心。虽然他在1885年以前一直是美国公司的股东，但他太累了。欧洲达那火药厂的蓬勃发展已够他忙的了，他放弃了美国的市场。

诺贝尔在德国科隆附近另建了一座火药工厂，以满足德国日益增长的需要。

在奥匈帝国，布拉格附近兴建的工厂生产达那火药供应波希米亚矿区；多瑙河畔的普雷斯堡也办了厂，把达那火药用船运送到下游的匈牙利、巴尔干半岛各国和近东地区。

这些厂都是在诺贝尔亲自指导下建成投产的，每个厂都特地为他安排了一间实验室。这样，他尽管常年在外奔波，仍能继续从事研究。同时，他还能利用这些实验室躲避与人毫无意义的接触。

诺贝尔进工厂时从不走大门，而是由后门偷偷地溜进办公室或实验室。因此，只有那些他有事要见的人才知道他在什么地方。

在欧洲的和平环境中继续专心从事科研的诺贝尔，用科研使自己尽量忘掉美国的伤心事。

硝化甘油走进英国

1868年，诺贝尔在英国东部诺福克郡的首府——挪利奇的英国协会做了一次演讲，讲的是硝化甘油对比黑色火药的优越性。在报告中，他高度称赞了由于他的发明而显得过时的黑色火药。他说：“这种老火药具有十分奇异的多方面的功能，因此可以用于完全不同的目的：它在矿里爆破而不推动；在枪膛里推动而不爆破；在炮弹里既推动又爆破；在烟火里缓缓燃烧但不爆炸。”

接着，他列举事实和数字说明甘油火药的效率，以及有关生命财产的防护措施。他的独到见解使听众收获颇丰，十分惊讶。虽说他此后的许多发明比硝化甘油火药更为重要，并为他带来了更大的声誉，但这次演讲是他一生成就的高峰之一。

1868 年 2 月，诺贝尔接受瑞典科学院颁发的金质奖章。这种金质奖章是奖励在文学、艺术和科学领域内有杰出的、独创性的著作，或者曾做出对人类有实际价值的重要发现的人的。

不过，瑞典科学院颁发的金质奖章不是单独奖给诺贝尔的，而是同时奖给他和他父亲的。奖状上写道：“鉴于伊曼纽尔、诺贝尔为使硝化甘油作为火药做出贡献，尤其是诺贝尔发明了甘油火药，特予奖励。”诺贝尔觉得奖状的措辞是公平的，因为他一直承认父亲在这方面所起的领先作用。

诺贝尔发明的硝化甘油火药引起了全世界的广泛兴趣，各地纷纷前来订货。在这种大好形势下，新工厂必须立即建立，原设在瑞典、挪威与芬兰的硝化甘油公司扩大了规模。

在英国，议会对于是否需要引进这种含有难以控制的硝化甘油成分的火药进行了旷日持久的调查，调查指定由艾贝尔教授负责。

艾贝尔教授是著名化学家，他因使火棉获得化学稳定性而出名。他从安全观点出发，处处表现出对火棉的偏爱。同时，操纵黑色火药的商界也乘机煽动对硝化甘油火药的抵触情绪。

为此，诺贝尔写信给英国火药调查委员会，为硝化甘油火药的安全性能进行辩护：“迄今为止，已生产出 560 吨硝化甘油火药而未曾发生过一次事故，560 吨硝化甘油火药相当于 2800 吨黑色火药的效用。有人说这是交了好运，像这样大量生产而无事故的好运实在难得。倘若火棉真的如艾贝尔教授所强调的那样安全，那么，它的消费量虽微乎其微，为什么却在奥地利，以及别的地方造成了大量的事故？查一查统计数字便能证明，玩弄枪支所引起的事故比使用硝化甘油火药不知道要多多少倍。因此说，硝化甘油火药是我们开采矿产资源的巨大而宝贵的动力，只要注意安全，是不会发生爆炸事故的。”出于良心，诺贝尔在信的末尾老老实实地提出了警告：“不能指望一种爆炸物在广泛使用时不伤及生命。”

1869 年，英国议会颁布法令禁止生产、销售和运输硝化甘油火药，但又授权内务大臣可以灵活处理，在特殊情况下可以批准进口硝化甘油火药。不久，硝化甘油火药在英国的需求量急剧增长，政府终于认识到 1869 年英国议会颁布的禁令有损国家的经济利益。1871 年，最后一道针对硝化甘油火药的法律障碍被排除。

诺贝尔闻讯，立即邀请了一批苏格兰银行家和实业家，筹划在苏格兰兴办一座全世界规模最大的硝化甘油厂。他在苏格兰西海岸的阿岱尔附近的荒凉沙地上选定了厂址，除了生产硝化甘油，还要在这里建两座附属工厂，一个厂生产雷酸汞，一个厂生产雷管，以提供必要的引爆器材。诺贝尔特地把瑞典硝化甘油厂的经理，年富力强的瑞典人利德伯克请来负责筹建。

这样，诺贝尔可以在英国放开手脚大干一场了。工业革命后本来就很强大的英国，有了诺贝尔的硝化甘油火药，更是如虎添翼了。

巴黎十八年

进军法国

达那火药投放市场后，大受欢迎。各国的订单源源不断地飞向诺贝尔的工厂，诺贝尔的大名传遍了欧洲。他决心将火药产地推广到全世界，为更多的人造福。

诺贝尔在德国和美国的工厂进一步扩大，英国的工厂也开张了，但在进军法国市场的时候却遇到了很大的困难。

1869 年，为了在法国建厂，诺贝尔来到巴黎。独木难支，靠诺贝尔一个人在法国无法拓展业务。经人介绍，诺贝尔物色到一个年轻的法国化学家做他的得力助手。这人的名字叫保尔·巴布。两人一拍即合，决定联手在法国建厂。

巴布的父亲经营规模很大的铁工厂，巴布很有学问，头脑灵敏，办事勤快。巴布对诺贝尔说："我早就注意到您的新火药了。在硝化甘油再三发生爆炸事故时，您毅然停止了一切生产活动，回到实验室去专心发明达那火药，这真是极聪明的做法！" 诺贝尔说：“人命关天，在那种情况下，除了那样做之外，再没有别的好办法了。我不能见死不救，袖手旁观，唯利是图，让硝化甘油肆意杀人啊。”巴布说：“对，当时如果您不努力改进火药，只是努力使各国政府撤销有关硝化甘油的禁令，即使侥幸获得批准，对于世界火药的进步也毫无益处。然而，您却能以灾祸为契机，发明了达那火药那样优秀的固体火药，转祸为福，促进了奇迹的产生与文明的进步。您真是一位了不起的人物。如果说掌握人类命运的是神，那么，你就是实践神的意志的人。”巴布的称赞使诺贝尔觉得有点难为情，便说：“您过奖了，不过，我总认为一个人如果处处依据真理行事，就没有什么可怕的了。有一点我确信不疑：如果行正道，一定会有神助的。”

诺贝尔与巴布当场签订了在法国共同创办火药事业的合约，向法国政府申请有关达那火药的进口与制造的许可，这是 1869 年 12 月间的事。

然而，等了许久，也不见批文。巴布等得心急了，只得亲自去查明原因。原来，公文没批下来，全是因为法国国立公卖局激烈反对造成的。

诺贝尔问巴布道：“巴布先生，公卖局不是承认达那火药的威力吗？”巴布解释说：“他们对我们的火药吹毛求疵，是想维护他们自己的火药，垄断市场，好赚大钱。关于火药事业，各方面都有自己的势力网。”诺贝尔信心十足地说：“不要灰心，威力大的终究会胜利，优胜劣汰是普遍真理呀。”巴布无可奈何地说：“我也是这样对他们说的。但是，他们怕我们来了，他们就没地方赚钱了。他们只顾自己，不顾国家，是一些自私自利的人。目前，我们法兰西与德国的普鲁士之间摩擦不断，战争一触即发。如果真的打起来，普鲁士利用在德国生产的达那火药进攻，法国却用那些和烟火差不多的黑色火药抵抗，岂不是必败无疑吗？我说得舌干口燥，那些政府官员就是不理。”

在诺贝尔的鼓励下，巴布又鼓起勇气去找法国财政大臣。巴布对国家最上层的垄断组织发起攻击，他在与财政大臣辩论时指出：“国家垄断的结果便是让黑色火药独霸市场，任何正当的理由都无法使政府准许达那火药的生产。这样，万一普鲁士大军来犯，我们用什么抵抗啊？请财政大臣批准建厂生产达那火药，我相信铁路和矿山这两家行业协会会给予有力的支持。”财政大臣想了想，很有把握地说：“你说得有道理，我会尽力的，你等我的好消息吧。”

巴布以为同国立公卖局的斗争将是长期的，谁知批文很快便下来了，比最乐观的预期来得还早些。在财政大臣的努力下，国防大臣命令巴布立即着手生产达那火药。

可是，巴布没有接到这个命令。原来，法兰西和普鲁士真的打起来了。巴布是法国预备役炮兵军官，已经应征入伍，到了普法战争的前线。

原来，法国拿破仑三世为了苟延其摇摇欲坠的反动统治，妄图以对外战争的胜利来转移国内人民对他的不满，消除国内的革命危机。同时，也是为了阻止德国的统一，掠夺莱茵河左岸的德国领土，保持法国在欧洲大陆的优势，竟于 1870 年 7 月 19 日发动了对普鲁士的战争。

8 月 2 日，法军冲进德国境内。这时，普鲁士的四十万大军早已严阵以待，俾斯麦早就想侵吞法国产量丰富的矿区——亚尔萨斯省和洛林省了。为了在欧洲大陆争得霸主地位，他一直在扩军备战，拿破仑三世向普鲁士宣战正中他的圈套。

法军一闯入德境，立即受到普军的迎头痛击。没过几天，战火就移到法国境内了。8 月中旬，法军主力被分割成两部分：由巴赞元帅率领的二十万大军在麦茨被围，由麦克马洪元帅指挥的十二万大军被包围在与比利时接壤的色当要塞。

9 月 1 日拂晓，二十万普军向色当发起总攻，七百门大炮发出巨大的轰鸣声，炮弹像冰雹一样落到城内。霎时间，火光冲天，有如天崩地裂，城内到处是断墙颓垣，整个要塞陷入一片浓烟和火海之中。原来，普军用的都是诺贝尔新发明的达那火药，威力太大了。

拿破仑三世心胆俱裂，马上提起一支鹅毛管给普王威廉一世写了一封卑躬屈膝的投降信："我亲爱的兄弟：因为我未能死在军中，所以只得把我的佩剑献给陛下，继续做陛下的好兄弟。"色当惨败和拿破仑三世投降的消息于 9 月 2 日晚上传遍了整个欧洲。

1870 年的战争证实了诺贝尔的预见，即现代化的武器会使实力占优势的一方及早向对方施展武力，从而缩短战争进程。

战败后的法国取缔了帝制，成立了临时政府。新政府成员中有一个年轻人，名叫甘必大。他决心抵抗普军，直到最后胜利。他收罗了著名的将领，招募并装备了三支部队，还向摩根银行商贷了款，用以生产军火，加强战备。

巴布被普军俘虏后，很快获释，被派往德国人占领下的里弗尔顿管理达那火药厂。他不愿背叛祖国，不久逃出普军封锁线来到图尔，向甘必大提出建厂为军队生产达那火药的申请。甘必大立即以政府名义批准这一请求，并拨给他贷款，催他赶紧到法国南部靠近旺德勒港的保里尔去建厂。短短几个月，工厂就建成投产了。甘必大同时还采纳了特里比埃将军的建议，派出一名副官到巴黎就地建厂生产达那火药，武装被围在巴黎城内的不屈不挠的抗普市民。

面对大好形势，巴布十分高兴，对诺贝尔说："诺贝尔先生，如您所说的，有威力的终将获胜。"诺贝尔回答说："是的，漠视科学的法国受到了应得的惩罚。不过，现在开始还不算迟，法国产业界应该采用达那火药。"

巴布四下奔走，不仅在法国建起了达那火药厂，两年间还先后在西班牙的毕尔巴鄂、意大利的都贝、瑞士的伊斯莱登、葡萄牙的里斯本建起了达那火药厂。

定居巴黎

诺贝尔的财富不断增多，名声也越来越大，巴布劝他购置一栋同他身份相称的新楼，以便在法国上层社会活动，有利于拓展业务。

诺贝尔听从巴布的建议，在巴黎马拉高夫大街买下一套住宅，舒适而宽敞。新居的大门口两侧是马车房和马厩，进门有一个小花园，一扇大玻璃门从小花园通向大大的门厅。门厅一边是两个连通的书房，大些的书房有窗户开向屋后的另一个花园。诺贝尔用这两个书房做实验室，把会客室和卧室安排在楼上。

诺贝尔请来一位有名的室内装潢设计师装修房间，这位装潢设计师感到苦恼的是诺贝尔竟不讲他需要哪些家具，连他喜欢什么式样或色彩都不说。因为他没时间，对这些不感兴趣。他把一切全都推给装潢设计师去决定。在装潢设计师的再三请求下，诺贝尔只是陪他上街挑选几幅装饰墙壁用的油画。诺贝尔有渊博的文学和哲学知识，但不懂艺术。他看中了几幅 18 世纪的取材于希腊神话的油画，购买时提出条件，要允许他不时调换，答应可以预付调换费用。

新楼的底层是朱漆地板，光亮平坦。在那间大书房里，书橱整整挡住了一面墙。书橱对面靠墙放着一张长沙发，沙发上方挂着一幅油画。临窗摆着一张大书桌，一侧还有一张小些的，那是为秘书准备的。这张书桌由几个秘书合用，因为诺贝尔出于工作需要，得用五六种文字写信，而要找一个精通五六种语言的秘书是不可能的。

实验室里由一位稳重老练的助手管理，助手名叫费伦巴赫，是法国著名化学家。

诺贝尔不计较房间的陈设，对于实验室的设备却十分讲究。他从巴黎、伦敦、柏林买来的仪器全都是最新最佳产品，并且逐一进行了仔细检查和验收。

科技书籍放在实验室，其他藏书全都放在大书房里。文学和历史是诺贝尔的两大爱好。他有许多原版的法国、英国、德国、俄国的文学名著。

楼上有好几个房间没有配家具，只在接待少数客人的那间起居室里放着一架风琴。诺贝尔生活简朴，但他不惜用高价雇来一名手艺好的厨师，地窖里储备着名酒。这都是为客人准备的。客人们无不称赞诺贝尔的盛情款待，他那妙趣横生的谈吐也常给聚会增添乐趣。这期间见过他的人是这样描述诺贝尔的：中等身材，深棕色的须发，浓眉下的一对眼睛表情丰富，闪烁着智慧的光芒。

客人在时，诺贝尔和颜悦色，可是客人一走，他就开始难受了。因为他把扮演这样的主人看作是好出风头的表现，为此深感羞愧，同时又为浪费一些宝贵时间而懊恼。

诺贝尔珍惜时间，讨厌应酬，但又无法完全避免应酬。

为了有机会见到法国大作家维克多·雨果，诺贝尔同意跟巴布一起到布瓦索涅大街去参加朱丽叶·亚当在家里举行的一次周五聚餐会。朱丽叶·亚当是一位浪漫的理想主义作家，一度热衷于古希腊的研究，曾为第二次复兴古代文化而奔走呼吁。她把雅典的民主理解为美与和谐的化身，是理想的政治典型，孜孜不倦地在作家、艺术家、政治家中寻求支持。法国1870年的战败激起了她对德国人的满腔仇恨，以致对其他事情都失去了热情。她的沙龙成了政治家和知识分子聚会的场所，在他们身上仍然燃烧着法国大革命时代的爱国热忱。

朱丽叶·亚当漂亮、端庄、殷勤，善于将一些有根深蒂固的偏见或彼此有宿怨的人拉到一起合作共事。

那天的聚餐会上，客人中有甘必大。甘必大看着不像是一个政客，也不是一个咄咄逼人的人，而是一位彬彬有礼的爱国者。

诺贝尔对这个沙龙里一些将会成为第三共和国权贵的人不感兴趣，但他被两个伟大人物强烈地吸引住了。

一个是维克多·雨果，民主派的桂冠诗人。雨果曾经写道："这样的一天终会到来——那时候只有自由贸易的市场，只有各种思想争鸣的论坛，而不再有战场。"

许多人将雨果的这句话奉为信条，诺贝尔从青年时代起就一直为这一信条所鼓舞。

雨果生于1802年，比诺贝尔大31岁。见面后，两人很快便成了忘年交。诺贝尔渐渐知道，雨果出生于法国东部紧挨瑞士的省城贝桑松，祖父是木匠，父亲是共和国军队的军官，曾被授予将军衔。儿时的雨果随父亲在西班牙的驻军部队中长大，10岁回巴黎上学，中学毕业后进入法学院学习，但他的兴趣是文学创作。15 岁时，他写的《读书乐》在法兰西学院的诗歌竞赛大会上获奖；17 岁时，他在“百花诗赛”中获得第一名；20 岁时，他出版了诗集《颂诗集》，获路易十八赏赐。之后，他写了大量异国情调的诗歌。雨果最终成为共和主义者，写过许多诗剧和剧本，被称为“法兰西的莎士比亚”。

1831 年，雨果发表了《巴黎圣母院》。这是雨果最著名的浪漫主义小说，情节曲折离奇，紧张生动，富有戏剧性和传奇色彩。

1848 年 6 月，巴黎人民举行革命，推翻了七月王朝，成立了共和国，雨果成了一位坚定的共和主义者。

1851 年 12 月 2 日，拿破仑三世发动政变，雨果参加了共和党人组织的反政变起义。拿破仑三世上台后，建立了法兰西第二帝国，实行恐怖政策，对反抗者无情镇压，雨果也遭到迫害，不得不流亡国外。流亡期间，雨果写了一部政治讽刺诗《惩罚集》，每章配有拿破仑三世的一则施政纲领条文，并加以讽刺，还用拿破仑一世的功绩和拿破仑三世的耻辱相对比。这时期，雨果发表了长篇小说《悲惨世界》。

雨果是 19 世纪前期积极浪漫主义文学运动的领袖，法国文学史上卓越的资产阶级民主主义作家，几乎经历了 19 世纪法国的所有重大事变，是法国极有影响的人物。诺贝尔有幸和他相识，感到非常荣幸。

另一个是头发灰白的老人，腰板挺得笔直。他就是费迪南·德·雷赛布，开凿苏伊士运河的总工程师，而苏伊士运河正是当时的世界奇迹和法国的骄傲。

雨果邀请诺贝尔参加他与雷赛布的谈话，这位工程师正在讲凿通中美洲巴拿马地峡的重要意义。他还提起开凿苏伊士运河的往事，要他们不要忘记世上的工程师虽有知识，但想象力不够。当年，他的计划曾被普遍地认为是异想天开，是实现不了的。他说："有了诺贝尔发明的火药，轻而易举地便把想象变成事实了。"他对雨果对于现代文明的情结深有同感，相信现代文明能够完成大得令人难以置信的工程。他崇拜诺贝尔，说他是人间的"大力神"，因为他发明了威力无比的火药。

那天晚上聚餐会结束后，诺贝尔驱车送雨果回家。此后，两人常常见面。雨果曾暗自庆幸，他虽然和这位"漂泊的百万富翁"没有共同之处，但他俩对世界前途的看法惊人的一致。

1865 年至 1873 年间，诺贝尔的实验室和事业中心在汉堡。当企业有了大规模的发展时，为了更好地改组在西欧的企业，诺贝尔不得不迁居巴黎。此后，在巴黎一住就是 18 年。巴黎是欧洲大陆的商业中心和文化中心，这座城市给诺贝尔留下了美好的印象。

诺贝尔成功了，但并不安定。在德国，还要增加两个新厂以满足人们对火药的需求；在遥远的南非、加拿大、澳大利亚和日本，各个分公司都在等着筹建和签订合同；在德国和英国，诺贝尔找不到第二个巴布代替他去参加范围广泛的谈判，因而不得不亲自出马。需要他亲自到场还有一个令人头痛的原因：各地工厂不但在组织上是独立的，在业务方面也没有什么联系，常在没有达那火药厂的地区争夺市场。这就必须由诺贝尔出面协调，做出决定，究竟哪个公司或哪几个公司享有一般的优先权，或在某一指定地区享有优先权。所有这些，只有权威人士的决定才会被接受。这个权威人士便是诺贝尔。

在这种情况下，迫切需要成立一个总公司。但是，诺贝尔一时还决定不了该以哪几家公司为台柱组成一个世界规模的机构。因此，诺贝尔不得不继续东奔西走，忙得不可开交。为了专心投入工作，他总是从后门出入设在各地的工厂。

诺贝尔不仅忠于事业，忠于朋友，而且极为孝敬父母，是位难得的忠孝双全的百万富翁。

尽管日程安排得很紧，但诺贝尔只要能抽出几天时间，总要到斯德哥尔摩去看望母亲。只要母亲活着，他就不感到孤独。

父亲在世的时候，诺贝尔曾向两个哥哥提议，在每年 9 月 30 日母亲生日这天，大家都要回到母亲身边团聚。大家都认为诺贝尔这个提议好，诺贝尔仅有一次因为实在抽不出时间而未能实践自己的诺言。

诺贝尔是母亲的爱子，母亲总想看到他，看到他那黑乎乎的胡须掩盖着的孩子般柔嫩的脸。母亲睿智而诙谐，虽然外表干瘦，身子骨却很结实，一双大眼睛炯炯有神，面孔极像古老的塑像轮廓分明。

母亲并不总是寂寞，她的兄弟姐妹以及他们的儿女常来探望，把她当作生活的中心。母亲喜欢一年一度的生日聚会，喜欢自己的孩子围在膝下，诉说他们的思乡之情和他们在外面世界的生活。

尽管诺贝尔已功成名就，但母亲仍执意不肯搬进豪华的公寓。她不愿意一个人孤零零地守着许多间空房子，也讨厌仆人过多。她觉得现在已经住得很舒适，有一两个客人来也不拥挤，只有孩子们一齐回来时才需要住旅馆。两个哥哥建议诺贝尔与母亲住在一起，但他太忙了，做不到，只能在百忙中抽空探望母亲。

如果说金钱使诺贝尔感到幸福的话，那只是在他给母亲巨额汇款而使母亲高兴的时候。他希望母亲在接济旁人和资助慈善事业中得到快乐。母亲为人慷慨，乐于助人，经常资助陷入困境中的亲友，还经常在社会上做善事。

母亲在给诺贝尔的一封信里写道：“我的好宝贝又给我寄来了三千克朗。亲爱的诺贝尔，你的这些丰厚的礼物令人感激不尽。你的慷慨大方使我能给那些一贫如洗、缺衣少食的人家一些微薄的资助，我也就没有把这笔汇款存进银行。”

母亲在另一封信里感谢诺贝尔送给她的礼物：“妈妈感谢你的极其雅致的礼品。亲友们看到这些鲜花和这只花篮无不啧啧称羡，我不开口他们也知道这是谁送来的，因为只有我的诺贝尔能使这么多人感受到他的心地善良无比。有你这样一个儿子是母亲的骄傲。”

一次，诺贝尔来看望母亲后，母亲写道：“我回想起亲爱的诺贝尔来看望我时让我享受的那些欢乐时刻，我希望能向我最亲爱的儿子表示我这个老母亲的感激之情。”

母亲在收到诺贝尔圣诞节的贺信和电报后，回信说：“渴望中的电报和来信都已收到。我无须用言语来形容我高兴的心情，因为这些都来自我亲爱的儿子。他心地善良，每逢节日绝不会忘记使老老少少过得更加愉快……我的钱多得用不了，这全亏了你——亲爱的诺贝尔的辛勤劳动。你极其富有，能够满足我的一切要求，只是无法确保我的康健，也不可能让我经常看到你。这两件事不是靠金钱就能办得到的。”

母亲精神矍铄，她的银行存款不断增加。过去，诺贝尔家曾在最兴旺的时候突然破产了，这教训使她变得极为谨慎，她把诺贝尔寄来的钱分存在十来家银行里，以确保安全。

孝敬母亲的诺贝尔相信从过去痛苦的经验中得出的结论：有钱不能使人幸福，幸福的源泉只有一个——使别人过得幸福。他诚心诚意赞助慈善事业，对每个人的恳求都非常关注。他仔细阅读一封封求助的信件，认真考虑其困难并为解决困难提供足够的资金。他的赠款往往超过来信所要的数字，尤其是当年轻人已经有了切合实际的计划等着实施，或是有人遇到不幸的时候。于是，一个百万富翁急公好义的传闻在欧洲家喻户晓。人们都赞扬诺贝尔，说他忠孝双全，代表了上帝的意志，是人间的完人。

爆炸胶

设在法国的诺贝尔达那火药工厂投产后，法国迅速成为世界上最大的达那火药消费国。生产与销售之门一旦打开，大大地增加了诺贝尔的收入，使他成为世界上首屈一指的富翁。

诺贝尔在法国的成功有着极重要的意义。此前，虽然南美的各分公司已成为巴布的一连串拉丁系工厂的一环，但没有法国参加，这个集团只是一个无头的躯体。现在，这个拉丁集团有法国牵头，便有力量对英国和德国各厂施加压力，把它们拉进自己的系统了。

第一步，诺贝尔和巴布在巴黎设立科学咨询委员会，使所有诺贝尔企业在技术问题上协调合作。诺贝尔把苏格兰厂的经理阿拉里克·利德伯克请来担任科学咨询委员会主席，他在当时是数一数二的火药专家。这个科学咨询委员会将为协调全部诺贝尔企业铺平道路。

科学咨询委员会成立后，陆续接到来自美洲各国的改进达那火药的报告，但没有一份表示能提高达那火药的爆炸力。为此，诺贝尔不得不继续探索，想寻找一种新的吸收剂取代矽藻土。

诺贝尔不禁想起他多年来的研究工作，从硝化甘油到诺贝尔专利火药，到雷管的发明，再到安全火药——达那火药。每前进一步，都付出了无数的心血。

但是，达那火药的爆破力比硝化甘油低，只不过它在运输、使用过程中比硝化甘油安全得多，这才为用户所喜欢。如果能够找到一种既有硝化甘油的爆破力，又像达那火药那样相对安全、容易处理的火药，那该多好，诺贝尔想。

用矽藻土吸收硝化甘油制成的达那火药虽然有效地减少了硝化甘油在液体状态下固有的危险性，但由于固体物质的稳定性，无法强化达那火药的爆炸力。

诺贝尔做了几百次实验，决心找到一种增强爆炸力的活性物质，以及一种既能降低硝化甘油对于震动的灵敏度又能降低它的凝固点的溶液。

诺贝尔不顾一次又一次的失败，顽强地坚持实验。他相信自然界肯定有这种理想溶液存在，而且迟早会被发现的。

由于达那火药的发明，诺贝尔给世界带来了一个火药大发展时期。但是，使用者更喜欢便宜些的流体火药硝化甘油，因为硝化甘油火药更有威力。达那火药出现后，有人说它只不过是被冲淡了的硝化甘油，是出售者以高价骗取额外利润的东西。

任何一项新技术，无论它当时如何成功，都得继续完善，才能满足不断发展的实践的需要。尽管达那火药获得成功，质量也很好，但它一出现就表现出某些技术上的弱点。不活跃的矽藻土降低了爆炸力，而且在遇到压力或潮湿的情况下，还会出现令人担心的硝化甘油分泌物。

在达那火药出现后的十年内，各国科学家一致努力，终于找到了一种由碳氢化合物和含氧物质构成的有吸收性的混合物来取代诺贝尔使用的矽藻土。这种混合物的比例以爆炸时能被完全燃烧为限。这种炸药在英国和美国称黄色炸药，曾在很多国家以不同名称广泛应用，直到现在还被用于某些特殊的地方。但这种解决问题的办法仍然有不少缺点，其证据之一就是在某些矿山里，流体的硝化甘油爆炸油继续作为唯一的炸药使用，因为这些矿山的岩石过于坚硬，需要异常强烈的爆炸才能摧毁它。为此，诺贝尔不停地进行实验，力求发现一种既有硝化甘油的爆炸力，又像黄色炸药那样相对安全和容易处理的炸药。

1875 年的一天，诺贝尔在实验室做实验时，一不小心割破了左手的手指，他忍着疼痛，随手用火棉把受伤的手指包了起来。

火棉是一种白色的纤维状物质，与棉花基本相似，但它的爆炸威力比黑色火药大两到三倍，可用于军事，因此被称为“火棉”。

诺贝尔敷上火棉后，手指仍然疼痛。到了半夜，钻心的疼痛把他弄醒了。他不时地用右手去揉受伤的手指，每次都是先碰到包扎受伤手指的火棉。揉着揉着，一个久思不得其解的问题在他的脑海中浮出了答案：用火棉和硝化甘油这两种威力最大的火药适当地混合起来，肯定是人们心中最理想的火药。

想到这里，诺贝尔急忙起床跑到实验室，将他刚才想到的方法付诸实践。清晨，当他的助手来到实验室时，诺贝尔已经成功地完成了实验。实验室的工作台上，一个普通的玻璃器皿内装着第一份诺贝尔新发明的火药，这就是比达那火药更具威力并且还十分安全稳定的全新火药，诺贝尔称之为“爆炸胶”。

1875 年，爆炸胶首先在英国取得了专利权。第二年，又在美国申请了专利权。爆炸胶问世后，在各国科学家和工程师中引起了极大的震动。爆炸胶不仅比纯硝化甘油的爆炸力大，而且耐冲击，易于运输和保管，具有强大的抗湿性能和抗火性能，还适用于水下爆破。此外，爆炸胶的生产成本比较低。因此可以说，爆炸胶是各方面都很理想的新型火药。这时，就连当年极力反对诺贝尔的英国最出色的火棉研究者也不得不放下教授的架子，在公开场合下宣布说诺贝尔发明的爆炸胶是已知火药中各方面最为圆满的一种。

在世界各地，爆炸胶在此后的几十年内，在工业、交通、建筑方面的火药用户中始终保持最畅销的地位。

诺贝尔在发明爆炸胶后不久，又在巴黎郊外建了一座规模更大的实验室。诺贝尔打算在这个僻静的地方继续他的实验，他要征服矿山，多铺铁路，到海底去探险，更多更好地为人类造福。

诺贝尔兄弟石油公司

伊曼纽尔在彼得堡破产后，于1859年返回瑞典时，诺贝尔的两个哥哥并没有随父母一起回国。大哥罗伯特结婚后同妻子去了芬兰，在芬兰做过各种工作，最后经营一家商店，销售石油、灯具和陶器等。二哥路德维希经过多年的艰苦奋斗，终于在彼得堡拥有了一座自己的枪炮制造厂。路德维希的工厂越来越景气，而罗伯特的商店却没有什么起色。于是，罗伯特便来协助路德维希，兄弟俩联手创业。

1873年，路德维希接到俄国政府一笔很大的订单，生产45万支步枪。有一天，路德维希和罗伯特商量道："目前枪械的订货不断增加，而用来制作枪托的桃木却远远不能满足需要。大哥，你能否到外地收购一些来，以解燃眉之急。"

罗伯特说："行，没问题。俄罗斯的巴库盛产桃木，我去看看吧。"

去巴库收购桃木的罗伯特收到了意外的惊喜：他在那里发现了沉睡在地下的大油田。于是，罗伯特在那里买了一块能出油的荒地，并向当地政府购买了开采权。

巴库位于俄国南部的里海之滨，这里蕴藏着丰富的石油和天然气资源，由于气苗常常自动燃烧，因而被人称为“天灯”，这里也成了拜火教的圣地。早在公元 9 世纪，就有人手工挖坑采油，用于治病和作燃料。16 世纪时，这里的采油已经有了一定的规模。当地人把原油装在皮囊里，用毛驴运到中东去卖。

1848 年，巴库打成了第一口近代油井，俄国把 1848 年作为俄国石油工业的开端。沙俄政府在这里推行承包经营制度，石油企业主向政府承包某个区块，以 4 年为期。当时，生产手段十分落后，4 年的承包期太短，不利于企业主大量投资和采用新技术，企业主都没有大规模生产的积极性。

1873 年，巴库出现了有史以来最高产的油井，一个月喷出了大约 350 万桶原油，世界上还从来没有出现过这样巨大的喷油。面对滚滚原油，人们匆忙堆起一道道土堤，围成了一个个大大小小的石油湖，但仍有许多原油白白流入了里海。这样一来，世界轰动了。罗伯特具有商业头脑，当然不会错过这一大好商机。他来不及回去同弟弟商量，就果断用 25000 卢布买胡桃木的资金购买了一块能出油的荒地。路德维希利用父亲在俄国上层的关系，把米哈依尔大公拉了进来。这样，有关俄国官场的问题就好办了。

路德维希发挥自己机械方面的特长，设计了好多开采石油的新机械。经过兄弟俩的辛勤开发，油田发展到了相当大的规模。源源不断的石油给周边地区带来了幸福，也给他们带来了丰厚的利润。

1877 年，路德维希来到巴黎探望弟弟。久别重逢，兄弟俩有说不完的话。诺贝尔问道：“二哥，巴库的石油事业进展得怎么样了？”

路德维希自豪地说：“到目前为止，一切都很顺利。”

诺贝尔又问：“大哥还在巴库吧？”

“是的，我因为彼得堡事务缠身，忙得脱不开身，油田的事只好由大哥一个人去负责了。”接着，路德维希介绍起巴库的情况，“那里还很落后，劳工们只不过是老板用钱雇来的机器，生活艰苦。我决定在咱们的工厂里改变这种情况，为工人谋些福利。”

诺贝尔兄弟从小爱好劳动，尊重劳动，把劳工当作伙伴。他们见俄国工厂的工人都像牛马一样被奴役，心里很不是滋味。

在路德维希的工厂里，他把每天通常 12 至 14 小时的工作时间降为 10 个半小时，每年还给劳工 65 天的休假时间；在他的工厂里，雇用 12 岁以下的童工是绝对不允许的；工人不仅有工资，还有奖金。

路德维希在巴库为单身劳工盖了设备良好的公寓；为高级职员建造别致的住宅；还在这个石油市镇建了俱乐部和供娱乐、社交、读书、演讲的公共会堂。因此，俄国人都把路德维希称为基督的圣徒，把他的工厂称为“巴库的绿洲”。

诺贝尔听了哥哥的介绍，非常感动。

诺贝尔明确向哥哥表示，他愿意投资巴库石油，和哥哥一起干。诺贝尔的提议让路德维希大为高兴。经过筹备，1879 年，“诺贝尔兄弟石油公司”在俄国成立，沙皇也投资了。

公司资产共 300 万卢布，分属 10 个股东持有。路德维希取得了多数的股票；诺贝尔占 1/30；罗伯特因是创业者，得到了 10 万卢布股票的奖金。

这时，正是沙皇亚历山大二世在位期间，国内形势一片大好。沙皇亚历山大二世在俄国历史上与彼得大帝齐名，在位期间大力推行改革，向西方学习，掀起了工业革命。因此，诺贝尔兄弟石油公司受到了俄国人的欢迎。

当年，亚历山大二世让诺贝尔一家遭到了灭顶之灾。如今，他支持诺贝尔兄弟的石油事业，还投了资，这就是开明的体现。

巴库地处黑海西岸，交通十分不便，石油运输只有依赖船只逆伏尔加河而上。每到冬季，河里结冰，就只好停运了。这正是巴库油田迟迟未能大规模开发的原因之一。

为了解决运输问题，诺贝尔兄弟四处求教。最后，他们决定采用管道输送法。他们铺设了粗大的铁管，用油泵让石油像河水一样不停地在管道里流动。这种用管道连接油井与港口的构想是诺贝尔提出来的。这是一项发明，并取得了专利，开了现代管道输送石油的先河。

为了改变桶装的船运方式，路德维希兄弟委托造船厂按他们的设计造出了世界上最早的油船，不再用油桶装船而是直接造出了大大的油罐船。这样一来，巴库油田得以大规模开发，一下子出名了。

石油公司创建几年后，正在蓬勃发展时，路德维希遇到了意想不到的困难：这家公司新造的几艘油轮遭遇海难，沉于海底；巴库地区一些工厂接二连三发生火灾，工厂被夷为平地；再加上扩建工程过多，销路尚未全面打开，产品过剩，积压如山。这样，公司很快出现资金周转不足的险象，企业濒于破产了。

远在巴黎的诺贝尔闻讯后，不得不去一趟彼得堡。经过调查，他严厉地批评了公司的财务管理人员，而对他二哥在短时间内所取得的成就加以肯定，并提出了一些合理化的建议。

接着，诺贝尔通过提供400万法郎的低息短期贷款购买了大批新股票，给予公司大量的财政支援，终于使公司转危为安。为了加强领导，诺贝尔决定出任公司董事，用他那过人的才智给公司带来了生机。

返回巴黎时，诺贝尔在给他二哥的信中写道："我们意见分歧的唯一之处在于你是先积蓄后赚钱，而我则认为最好是先筹钱后扩充。如果我们能够在方法上取得一致，我就会赞同你所进行的扩充工作。"

路德维希在回信中说："诚实，有勇气，有决心履行自己义务的人才是高尚的，你的援助对于我们来说的确很宝贵。今后，人们大概永远不会忘记诺贝尔兄弟石油公司是名副其实的诺贝尔兄弟共同创建、发展起来的公司。"

诺贝尔三兄弟同他们的父亲一样光明磊落，诚实正直。只要认准了正确的道路，他们就会百折不挠、义无反顾地朝着预定的目标前进。

后来，路德维希经过数年的苦心经营，终于使公司发展成为全世界有名的大企业。

世界工业化开采石油始于1877年，而阿塞拜疆早在1873年就已打出第一口油井，这第一口油井就是诺贝尔兄弟打的。

20世纪初，巴库油田是世界上产量最高的油田，1901年石油产量几乎占世界石油产量的一半。20世纪以来，巴库一直以"石油城"闻名于世。

诺贝尔兄弟并不只是发明了火药，还为石油生产做出了不朽的贡献。能够这样为人类造福的人，在人类历史上是罕见的。

无烟火药与自杀机

19世纪80年代初期，欧美企业出现了大规模的合并，纷纷成立各种托拉斯。托拉斯是许多生产同类商品的企业，或产品有密切关系的企业的合并企业，是垄断组织的高级形式之一。托拉斯旨在垄断销售市场，争夺原料产地和投资范围，提升竞争力，以获取高额利润。

这时，诺贝尔已经40多岁了。他的本意是想献身科学，对他的发明进行改进。可是，他的公司太庞大了，除了他谁也领导不了。最终，诺贝尔不得不出任老板和组织者。

当时，诺贝尔公司正在同外部企业进行激烈的竞争，他的工厂之间也开始相互争夺市场。特别是欧洲以外的国家，内部出现了不体面的竞争，相互掠夺处于自由状态的市场。这意味着诺贝尔不得不进行改革，不得不创立一个更加严格的组织了。

诺贝尔在经过反复筹划后，于1886年组成了英德托拉斯——“诺贝尔达那火药托拉斯有限公司”。其总部设在伦敦，股金为200万英镑。

1887年，诺贝尔和他在法国的合股人设法将诺贝尔的法国公司同西班牙、葡萄牙、瑞士和意大利等广大拉丁语国家和地区的所有公司统一起来，组成了拉丁托拉斯。这家托拉斯正式取名为“达那火药总公司”，总部设在巴黎，股金为1600万法郎。1927年，更名为“诺贝尔法国公司”。第二年，又与另一家同类公司合并，合并后的公司名叫“诺贝尔–博泽尔公司”。后来，这家公司拥有的股金已超过33亿法郎，这在当时几乎是天文数字了。

在完成这些改革之后，诺贝尔从繁重的行政事务中脱身，钻进了实验室，用更多的时间来从事科研。他想探索更多的新领域，继续为人类造福。

19 世纪 80 年代，欧洲一些国家迫于当时的政治形势，都急于得到一种威力更大而冒烟更少的军用火药，用于开枪射击和发射炮弹。

德、英、法等国的很多化学家都在设法解决这个问题，但都没有获得明显的进展。

1875 年，诺贝尔对他发明的达那火药做了改进，发明了爆炸胶。爆炸胶不仅具有强大的爆破力，而且适合水下作业，还具备一定的抗震能力，几乎达到了完美无瑕的程度。但是，这种火药唯一的缺点是爆炸时会产生浓烟。

1879 年，诺贝尔在巴黎郊外的实验室开始了无烟火药的研制。他把目光对准了赛璐珞，经过 8 年的研究才取得最后的成功。

这种无烟火药能产生巨大的爆炸力，不留渣滓，无烟，而且价格便宜，可无限期保存，非常安全。它甚至可以用热滚子碾磨，可以在热气下压制成条状、管状或其他形状而不爆炸。只是需要用非常精确的方法点燃它，它才会爆炸。

混合无烟炸药的最大优点是爆炸时不会产生浓烟，可以做炮弹、鱼雷等的填充物。这样一种威力强大而又不冒烟的火药自然引起了世界各国政府的兴趣。他们争先恐后地派人找到诺贝尔，购买它的生产权，都想方设法要把无烟火药弄到手。一个陌生人来访问诺贝尔，打听新火药怎样用于军事。诺贝尔生气地说：“我的发明不是为了战争。”但事实的发展却把他的理想践踏了，他的这项发明主要被用于战争了。

诺贝尔在火药领域内的最后一项发明是改进型无烟火药。他在混合无烟火药的基础上又做了许多改进，主要是从两方面改进的：通过机械学方面的改进，将火药制成许多小火药丸，从而使火药在燃烧过程中的表面积得以增加；其次，将单个小火药丸按照燃烧速度的大小，由内向外排列，这样做可以提高火药持续燃烧的效果。

经过改进后的火药，燃烧时能引发一种递增的前进动力，以维持射弹沿着炮膛运动的推动力。这样，射弹离开炮口瞬间的速度会增大，而炮膛内的最大压力又不会增加，从而提升了发射效果。

诺贝尔再三告诉他的助手说，这个领域之所以对他有吸引力，主要原因是把它作为一个智力问题加以思考了。由于诺贝尔对战争和暴力的极度厌恶，他强烈反对这些发明的实际应用。他说，在战争贩子手里，他的发明已经沦为不光彩的杀人工具了。

诺贝尔曾在信中写道："至于我，我希望把所有的枪炮及其附件，以及一切相关的东西，统统送到地狱去。地狱才是展览和使用它们的专门场所。"

诺贝尔曾经对那些心怀叵测的人怒吼道："为什么只想把我的苦心发明用于战争呢？为什么只想发财呢！"

诺贝尔的发明是为了造福人类的。

19 世纪 80 年代末，诺贝尔可谓是多灾多难。这时，随着法国资本主义的恶性发展，大资产阶级当权，对人民巧取豪夺，政府中贪污成风，社会上道德败坏，资产阶级骄奢淫逸的糜烂生活和唯利是图的道德观念影响到整个社会，追求享乐、追求虚荣成为一种恶劣的社会风气。

这种恶劣的社会风气在小资产阶级中同样盛行。这个阶级在资本主义社会中的地位极不稳定，他们总想摆脱当前的处境而跻身于大资产阶级的行列。当然，只有少数人侥幸成功，而大多数小资产阶级在资本主义竞争中往往落入更加悲惨的境地。但是，在当时，羡慕上流社会，追求虚荣，已经成为小资产阶级的普遍心理。面对这样的社会，诺贝尔感到厌恶。

在这恶劣的社会环境里，诺贝尔要保护他的发明。他要亲自办理这方面的事务，特别是那些处境危险的化学专利权。他必须为保护发明专利权花费很多时间。有时候，关于专利权的无休无止的纠纷使他十分扫兴，甚至感到失望了。自己的劳动成果被他人窃为己有，这令诺贝尔极为伤心。为了打官司，他浪费了太多宝贵的时间，也让他蒙受了巨大的经济损失。

诺贝尔说："在多数国家里，人们也许没有列举同类物质的使用。所以，假如有人要为自己的一种发明取得一项平常的专利权，那就往往需要在同一个国家里至少登记两打专利权。例如，如果有人在英国的殖民地和其他重要领地申请专利保护，他就必须把大约四十个国家计算进去。这样，一项发明就需要 $40\times24=960$ 份专利权。即使有了这么多的发明专利权，得到的保护在多数情况下仍然是靠不住的。"

在尔虞我诈的社会里，诺贝尔活得很累。为了造福人类，他不得不和那些无耻之徒周旋。但同时，他又觉得自己这么做太失尊严了。为此，他很想脱身。在那个时代，脱身就意味着自杀，因为只有自杀才能脱身。

开始时，诺贝尔并不想自杀。由于长年接触硝化甘油，他的健康状况在极度恶化，对死亡产生了恐惧，尤其害怕在孤独中死去。他希望身边有个和他有血缘关系或爱情关系的人，一个可以用真情来减轻他对死亡恐惧的人。

1887年10月，在给朋友的一封信中，诺贝尔诉苦道:“九天来，我一直疾病缠身，只得待在家里。身边除了一个男仆，别无他人，没有一个人来问候。看来这次病情很重，医生也持同样看法。疼痛一直没有停止，也没有减弱。除此之外，我的心情十分沉重。一个活到54岁的人，孤零零地待在世上，至今唯有一个男仆对我关怀备至。这时，我开始苦苦思索起来，苦恼的程度非一般人所能估量。从仆人的眼里，可以看出他是多么怜悯我！”

诺贝尔也渴望怜悯，并不想死。但是接着发生的一件事，让他下定了自杀的决心。

1888年，二哥路德维希因患心脏病离开了人世。诺贝尔正在伤心时，发现报纸上说诺贝尔死了。这则消息令他十分沮丧。显然是记者搞错了，把哥哥当成了弟弟。报上说诺贝尔是军火商，一个靠兜售杀伤力不断提高的武器发了大财的商人。

诺贝尔有崇高的理想、高尚的品德，他悲天悯人，作过大量的施舍，渴望得到别人的理解和友爱。可是，报上用“一个靠兜售杀伤力不断提高的武器发了大财的商人”来概括他的一生，这对他来说无疑是一种毁灭性的打击。

当时，报纸将“石油大王”路德维希·诺贝尔，和“炸药大王”阿尔弗雷德·诺贝尔的名字搞混了。诺贝尔发明了混合无烟炸药后，又有媒体说他发明了一种战争用的东西，这种东西曾导致大量的死亡和破坏，而且语气极为尖刻。

诺贝尔在报纸上读了外界对他的评价，难受极了。精神上的刺激致使他患上了严重的抑郁症，并经常发作，日趋严重的病体反过来又影响到他的精神状态。二哥路德维希去世的第二年，他最亲爱的母亲也离开人世，享年86岁。诺贝尔悲伤到了极点。

过去，诺贝尔曾想到过自杀，但因为母亲尚在，他下不了决心。他曾说:“只要有母亲在，我便有牵挂。”

如今，母亲已经过世，诺贝尔再无牵挂了。

于是，诺贝尔决定设计一种自杀机，自杀时只要把一枚特制的硬币投进自杀机，自杀者就会被一股电流击倒，当场死亡。同时，自杀机还会自动通知警方。朋友们听说诺贝尔要发明自杀机，觉得这个想法太荒唐，并没有放在心上。而诺贝尔却说到做到，眼看自杀机就要研制成功了。这时，警方出面干涉，不许诺贝尔制造自杀机，他这才罢休。

1890 年，诺贝尔从他母亲的遗产中拿出 5 万克朗，捐赠给斯德哥尔摩的卡罗琳医学院，创设“卡罗琳 · 安德里特 · 诺贝尔基金”，用于促进医学科学的实验研究，以及医学教育和出版方面的工作。

离开法国

诺贝尔在巴黎居住期间，虽然到外地办理业务的时间居多，但法国的实验室才是他最为留恋的工作地点。五十多项大大小小的发明，最后阶段的化学实验，申办专利权的准备，以及开发工作都是在这里完成的。

混合无烟火药这项发明一经问世，便引起了各方面的关注。多国政府，尤其是军方格外关注，因为他们认为这种新产品的出现肯定会在战术方面引起根本性的变化。诺贝尔考虑到他长期居住、工作在法国，于是最先向法国火药垄断机构——火药与硝石管理局——提供他的这项发明专利。不料，诺贝尔的一番好意却遭到了拒绝。在诺贝尔发明混合无烟火药的前两年，法国一名化学教授也发明了一种很有希望接近无烟火药的产品。虽然在性能方面远不如诺贝尔的混合无烟火药，但由于他同政界的关系，这种火药早已被法国陆军和海军广泛采用。这件事令诺贝尔愤愤不平：“一种赋予了强大权势的劣质火药，竟然会比没有后台扶植的优质火药更好！”

后来，混合无烟火药为意大利政府所接纳。于是，诺贝尔在其设在意大利的工厂里建了一个专门生产混合无烟火药的车间。不久，意大利政府想要取得混合无烟火药的生产权，诺贝尔便以 50 万里拉（意大利货币单位）的价格将这项专利转让给了意大利政府。

不料，这一决定竟触怒了法国火药垄断当局的一些有权有势的人物。长期以来，他们一直对诺贝尔在法国的枪弹火药实验怀有恶意，尤其是他们把诺贝尔的混合无烟火药视为最危险的竞争对象。在他们的鼓动下，法国新闻界开始猛烈抨击诺贝尔，指控诺贝尔把混合无烟火药的专利卖给意大利政府，损害了法国的利益。

谣言在不断升级，接着，诺贝尔被公开指控为犯有不亚于间谍罪的罪行。他的实验室遭到警察的查封，他设在法国的火药工厂的混合无烟火药生产车间被迫停产，那些已经制成的实验产品被当局没收。诺贝尔预感到如果继续在法国进行火药实验，势必会有被监禁的危险。

新闻界的诽谤和政府的种种迫害仍在继续，诺贝尔终于做出决定，离开这个生活了 18 年的城市，离开法国，到意大利去谋求发展。

诺贝尔先回了一趟老家，到斯德哥尔摩探望了大哥罗伯特，接着又到设在英国和德国的工厂安排了一些工作，然后匆匆返回巴黎，整理了劫后尚存的实验仪器，清点了私人物品，其中有一幅著名油画家画的母亲肖像。带着这些东西，诺贝尔恋恋不舍地离开法国，前往意大利。

意大利五年

圣雷莫实验室

1891 年，诺贝尔移居意大利。

意大利地处欧洲南部地中海北岸，领土包括阿尔卑斯山南麓、波河平原地区、亚平宁半岛、西西里岛、撒丁岛和其他的许多岛屿。意大利北部以阿尔卑斯山为屏障与法国、瑞士、奥地利接壤，80% 国界线为海岸线。

位于意大利西部海岸的著名港城圣雷莫，环境优雅，阳光明媚，海风阵阵，空气清新。诺贝尔经过认真考察，最后选中了圣雷莫。他在这里新装修的别墅隐藏在橘林中，如世外桃源。别墅前面，有一个大花园，茁壮的棕榈树和美丽的花坛交相辉映。

诺贝尔希望这里宜人的气候有助于他那过敏性气管炎的康复，并且有助于治愈他的慢性感冒、硝化甘油造成的头痛症和坏血病。

在别墅朝南的房间里极目远眺，碧蓝的大海历历在目；在朝北的房间里，又可眺望连绵起伏的群山。诺贝尔把这座美丽的别墅称作“我的窝”。

安顿下来后，朋友都来恭贺乔迁之喜。有一天，朋友开玩笑地说：“一个窝里应该有两只鸟生活才对，而不能只有一只鸟呀！”这句话刺痛了诺贝尔，因为这个窝里只有他一只鸟。诺贝尔觉得这话说得在理，于是，立即把“我的窝”改为“诺贝尔别墅”。这个名称一直沿用至今。

这时，58岁的诺贝尔，在事业上一再取得巨大的成功，金钱和名誉都有了。可他并没有止步不前，他还在继续研究火药，继续搞发明。为此，他在别墅的大花园中建了一座实验室。

这个实验室共有三个房间：一间大的是机器房，里面有一台燃气发动机和几台发电机，可提供照明和各种实验用电；中间的一间稍小点，用于化学实验和其他实验；最小的一间用来藏书，并放置各种仪器，实弹射击用的枪支也放在这间屋子里。此外，还修了一座伸向大海的小型码头，主要用来进行火药实验。

诺贝尔辞去了他在所有公司董事会的职务，以便在有生之年集中全部时间和精力继续进行他的发明研究。虽然辞去了各种职务，但是他始终支配着所有公司和企业。这不仅因为他处于大股东的地位，而且因为他作为一个发明家，人们对他正确的指挥才能充满信任，他的廉洁、他的人格受到上上下下的尊重。

从此，诺贝尔开始了一种全新的生活。在这海滨胜地，诺贝尔没有满足于已得的荣誉，没有消磨大好时光。

正是那些在科学上迫切需要解决的一系列问题，给了诺贝尔继续工作的动力。他说：“我断断续续地工作着。有时我会把某个问题放下不管，过一段时间后再来着手处理它。我经常是这样工作的，但是对于那些我觉得最终能够成功的事情，我会始终抓住不放。”

诺贝尔的研究范围很广，不只限于火药。他的研究工作除了火药以外，还涉及电化学、光学、机械学、生物学、生理学和医学等各种自然科学领域。

在诺贝尔孜孜不倦的努力下，他取得的专利发明竟高达355项，而且每项发明都以造福于人类为原则。

诺贝尔的父亲曾想利用制造火药的原料制造皮革的代用品，但没来得及进一步研究便去世了。经过多次实验，诺贝尔取得了这方面的发明专利。后来，诺贝尔打算建造一座人造革工厂，这一计划虽然因故未能实现，但在两次世界大战期间出现的皮革和漆布代用品，都在不同程度上利用了诺贝尔最初的发明。

诺贝尔对唱片、电话、电池、电灯附件也做过改进实验。他曾将黏土放在管内，利用火药产生的高温使之熔化，试图制作人造宝石。他的这些探索性的实验工作对后来的发明家具有极大的启发作用。

诺贝尔始终站在时代的前列，处处为人类着想。当他的助手仔细阅读他的专利发明目录时，不禁惊叹如此之多的发明竟然都出自一个大脑，这要有多大的奉献精神与牺牲精神啊！

助手曾写道：“在那些严肃的技术专家和企业家看来，诺贝尔的很多想法只不过是心血来潮，异想天开而已。但是不要忘记，被现代技术专家这样认为的很多想法，却被诺贝尔在实际上加以实现，并且成了最重要的东西。还应当记住的是，他的另一些设想，最终可以完全适用于其他领域。在他的创造性活动中，他真正的才华是如同多产的大自然那样丰富的思想。”

诺贝尔本人也曾经说过这样的话：“假如我一年之内有一千个

主意，哪怕有用的主意只有一个，我也心满意足了。”

力挽狂澜

诺贝尔正潜心在意大利搞科研时，突然被“巴拿马丑闻”搞得濒临破产了。

巴拿马运河位于中美洲的小国巴拿马，横穿巴拿马地峡，连接太平洋和大西洋，是重要的航运通道，被誉为“世界桥梁”，是世界七大工程奇迹之一。

巴拿马运河先由法国开凿 20 年，接着又由美国开凿 10 年才最后竣工。

1893 年底，一起震惊法国的大丑闻——“巴拿马丑闻”被揭露，这是一件耸人听闻的贪污受贿案。

早在 1879 年 5 月，法国的企业家、工程师雷赛布从哥伦比亚政府取得了巴拿马运河的开凿权。1881 年，他组成了巴拿马运河开凿公司，并发行大量股票，总数达三十多亿法郎，连做梦都想发财的法国广大中小资产阶级立即把股票抢购一空。

运河开工后，由于对运河开凿工程估计错误及法国银行强加给雷赛布的苛刻条件，还由于开凿公司的贪污，致使资金严重不足，工程很快陷入绝境。

为获得资金，凿通运河，公司企图发行新的股票，但这需要议会立法授权和政府批准。为此，公司通过银行用大量金钱贿赂国家要人、高级官员、议会议员及报刊舆论界，从而得到议会和政府的同意，又发行了大量股票。

但是，到了 1889 年 2 月，当公司骗到大量股金之后，却突然因负债 12.8 亿法郎而宣告破产。这时，工程只完成 1/3。结果，购买股票的 90 万户小股东因此破产，许多企业纷纷倒闭。

直到 1892 年年底，巴拿马舞弊案的真相终于被揭露，人们这才知道巴拿马运河开凿公司为掩盖其真实财政状况和滥用所筹集的资金，曾广泛采用贿赂手段。法国的前三名内阁总理弗雷西讷、鲁维埃、弗洛凯，著名的激进党首领克雷孟梭，还有公共工程部长、陆军部长、议长等重要官员及 200 名议员，和一些报刊记者都接受了贿赂。由于政府官员的支持，才酿成 19 世纪最大的骗局。克雷孟梭受贿 100 万法郎，有的议员受贿 50 万法郎。

丑闻被揭露后，引起了法国的政治风潮。1893 年 2 月，法国政府被迫对巴拿马公司的董事长和三名董事以诈骗罪审判，但许多受贿的政府头面人物却逍遥法外。4 个月后，重罪法庭再次宣判他们全体无罪。

这场丑闻使资产阶级政府和实业家威信扫地，许多中小储蓄户和银行家对政府和实业家不再放心，他们宁愿把资金投向国外，或通过放债获取高利。

法国议会调查表明，在这个案子中，诺贝尔的代理人巴布从银行家那里受贿五十五万法郎。由于诺贝尔在法国的全权代理巴布身为议员，参与了这场受贿案，诺贝尔也成了这场政治斗争的受害者。他的整个经济结构很快崩溃，他在法国的火药总公司濒于破产。

此外，巴布的亲信阿尔顿投机取巧，为公司买进了大批甘油。如今，甘油价格暴跌，公司损失惨重，灭顶之灾迫在眉睫。

过去，诺贝尔对巴布绝对信任，从不干涉巴布考虑的人选，也不过问他的业务经营。诺贝尔这时才认识到自己犯了大错误，对巴布的过分信任是导致经济上彻底垮台的原因。

诺贝尔明白，根据法国法律，一旦查出经营管理失败的迹象，作为一名董事，他有责任把全部资产拿出来赔偿企业损失。

突如其来的打击使诺贝尔惊惶失措，甚至动了自杀的念头。但他知道还有许多事情有待他去完成，不能消极，不能退缩，要让心中的火燃烧起来。

开始时，诺贝尔打算在汉堡公司谋一个工程师的职务，以图东山再起。突然，他意识到他现在遭遇的厄运正是他父亲当年遭遇的厄运。像他父亲一样，他在几十年间积聚起来的财产顷刻间将化为乌有了。

面对险恶的形势，诺贝尔决定知难而上：“我决不能再像父亲那样无辜受罪了。”经过反复考虑，诺贝尔横下心来，决定力挽狂澜，拼搏到底。于是，诺贝尔再度来到法国实地考察，得到的结论是尽管情况十分严重，但只要不遗余力，迅速采取行动，还是有希望挽救的。于是，他立即拿出一大笔资金借给托拉斯，撤销了整个管理机构，解雇了所有重要职员，任命了一些可靠的人，并亲自执行董事长的职权。诺贝尔不畏艰险，总算战胜了这场风暴，但他已经筋疲力尽了。

法国公司的改组是诺贝尔的一项巨大功绩，显示了诺贝尔运筹帷幄、临危不乱的大将风度。

诺贝尔在法国的火药总公司确保无事后，他便辞去了各公司的董事职务，从业务的纠缠中解脱出来，回到意大利。为了建立新的研究所，诺贝尔新聘两位化学家——英国的休·贝尔特、瑞典的拉格纳·索尔曼做他的助手，在圣雷莫建立了世界上少有的高级研究所。

当诺贝尔感到疲倦的时候，他常常在花间散步，在林中小憩，在海滩上静坐片刻。诺贝尔最大的乐趣是科学研究和发明，最能安慰他孤寂心情的则是大自然。

诺贝尔在圣雷莫研究所里一门心思搞研究，研究范围很广。他常说："我对事业已失去了兴趣，如今，我唯一的生命便是这座研究所。"

回归祖国

1893年10月21日，诺贝尔迎来了60岁生日。在这天，诺贝尔像往常一样在实验室勤奋地工作，进行科学研究。诺贝尔还要去办理"无声发射武器"和"消除唱片上的干扰性噪音"的发明专利权。这位伟大的发明家要为世人造福，他厌恶自己所制造的那些火药的爆炸声和其他刺耳的声响。为了消除这些噪音，让天下安静些，他必须申请专利。

诺贝尔忙了一天，在回家的路上，他越来越想念可爱的故乡了。远离瑞典40多年，这位游子要回家了。他想买下瑞典的博福斯钢铁公司，并选一个地方建立实验室。

过去，诺贝尔认为哪里有他的工作，哪里就是他的家。经过在巴黎、圣雷莫等地多年的生活之后，诺贝尔发现他在这些地方只不过被他的财产所包围，而他是孤独的。即使他在这些地方有好多熟人，有频繁的商业接触，在科学界和商务界还有无数的崇拜者，但能谈得来的朋友却寥寥无几。他举目无亲，形单影只，总是缅怀父亲、母亲和哥哥，总是想念祖国。

19世纪90年代初期，尚在意大利圣雷莫定居的诺贝尔开始派人与瑞典联系，打算回归祖国了。自从1842年他9岁那年移居国外以来，除了1863年至1864年，他曾在赫勒内堡进行火药实验和探亲外，便极少回国，在国内也没有固定的住宅。

诺贝尔发现即使在圣雷莫这样的新环境，虽然对他的健康有益，却也存在妨碍他工作的不利之处。如所有的仪器和化学用品，甚至是微不足道的必需用品，都得从德国订货；当地找不到合适的工人；住在邻近几座别墅里的人不停地向他提出抗议，抱怨那些在小码头上进行的发射实验干扰了他们的宁静。

开始时，诺贝尔计划在别处找个理想的实验室新址。人们以为像诺贝尔这样在全世界都有工厂的人，将有很多地方供他选择，但事情并没有那么简单。

由于火药官司，诺贝尔对英国极无好感。他曾写道：“在英国，保守主义如此盛行，以致法律顾问不敢接受任何未经上古时代准许的东西。”他还发现潮湿的英国气候对他虚弱的身体很不利。

因为当年同法国火药垄断当局的冲突，诺贝尔不想回巴黎的实验室去。他说：“所有的法国人都狂喜地以为大脑是法国人的专有器官。”

尽管德国是提供他所需要的仪器和化学用品的最好来源地，但他不愿回威廉二世统治下的德国。

虽然诺贝尔长期离开祖国漂泊在外，但他始终感到自己是一名瑞典公民，他应该回到自己的祖国去。

像诺贝尔这样的归国富翁，一般要买下一座城里的豪华公寓或一处风景如画的乡下田庄，以便在那里安度晚年。但诺贝尔需要的是一座全新的工厂，一个设备齐全的实验室。

1894 年，诺贝尔回到瑞典，在距离斯德哥尔摩大约 200 公里处的博福斯买下了“博福斯——古尔公司”及其下属的钢铁厂。

他把自己的住处安置在公司附近的一所前庄园主的房子里，最主要的安排是在住所邻近处建造一座实验室。这座实验室投资巨大，有着适应半工业式工作的一切最新设备。

回国后，诺贝尔聘请了一些瑞典工程师，在他信赖的助手索尔曼的领导下从事科研工作。做诺贝尔的助手并不是一件容易的事，他要求别人行动准确、语言明了，而且总要处于紧张状态，随叫随到。助手必须领会他那十分活跃的思想，留心他那经常突然出现、然后又很快消逝的一刹那间的念头。

诺贝尔回国后，还担任了瑞典韦姆兰省比耶尔纳堡一家有名的瑞典钢铁公司的老板，他将继续发展那里的炼钢厂和轧钢厂。同时，他还买下了附近的卡拉斯大瀑布，计划开发这条河流的水电资源。这是瑞典利用白煤的早期范例，所谓“白煤”即能发电的水力资源。

回国后，诺贝尔心情愉快地投入工作，只是瑞典冬天的寒冷气候对于他来说实在是太可怕了。尽管他的精神因回归祖国和从事新工作而激励，但他的健康却开始恶化了。

在此后几年里，在他的有生之年，诺贝尔只能在夏秋两季来瑞典视察工作，并且指导他的这些新工厂。而在其他大部分时间里，诺贝尔只能待在适合身体条件的温暖的地方。

由瑞典首都斯德哥尔摩出发去瑞典中部的商业中心卡尔斯塔德，要经过的一个叫卡尔斯库加的地方，那里有个白桦山庄，是一幢乳白色的二层楼房，那就是诺贝尔研究所。诺贝尔回到瑞典后，夏秋两季一直在这里工作。诺贝尔十分喜欢这里，这里环境清幽，诺贝尔将其视为故居。自从诺贝尔 9 岁那年离开祖国后，这是他第二次回国定居，也是时间最长的一次，因此全世界人民都公认这里是诺贝尔的故居。

每当诺贝尔感到疲惫时，就走下楼来散散步，或者坐上他亲手设计的小马车到外面去散散心。这时，人们就会看到诺贝尔坐在马车里，以极快的速度前进。人们只能听到轻快的马蹄声，因为车轮周围箍上了他所发明的橡胶，所以马车行进时不会发出声音。马车内外有蓄电瓶供电的照明灯，他同车夫之间有电话联系。

诺贝尔整天忙于研究和发明，和娱乐活动是无缘的。他唯一的爱好是驾驭马车，并把它作为一项休闲活动。他驱车穿过森林，驶过公园，极其兴奋。这时，他才心旷神怡，浑身的疲劳一扫而光。有时，诺贝尔带着他的助手索尔曼驾车外出。路上，他们用瑞典语谈话，用以缓解大脑的疲劳。

在 1894 年至 1896 年间，以诺贝尔自己的设想为基础进行的实验都有了一定的生产规模。这些实验所涉及的范围很广，包括新型火药及附属物，枪支盔甲的电镀，抛射体和火箭的引线及推进火药，轻金属合金，钾和钠的电解产品，人造丝，合成橡胶，合成宝石，空中地图摄影，等等。诺贝尔这些科研成果成了后世各方面重要发明的基础。

博福斯是瑞典的宝地，而制造军用材料则是诺贝尔工厂的主要目的。作为一名军火制造者，四海为家的诺贝尔长期处境微妙，现在则可以完全站在瑞典人的立场上把他的心放在国防上了。

诺贝尔写道:“假如说有一种工业部门应该完全不依赖国外供应的话，那么，它明显就是国防部门；由于在瑞典有着弹药工厂，如果不使它们保持发展，那将是既可惜又荒唐的。……我们是为了生活而接受订货的，但我们的目的是去创造，而不是沿着祖先的脚印走。”

在诺贝尔所经营和负责的工厂里，他要求的是最好的劳动、原料和产品。在博福斯的情况也是这样，他对博福斯的正确领导是这座工厂发展的转折点，车间建筑规模和机器生产方法都被扩大和现代化，产量也由于采用新的生产方法而增加了。与此同时，这家企业的财政地位也通过新的投资建立在健康的基础上，诺贝尔以股票的形式贡献了 250 万克朗。

博福斯在后来 60 年间所经历的良好发展的基础都是由诺贝尔奠定的。后来，博福斯公司，包括它独家拥有的一些附属公司在内，是一家有着 1400 名工人和大约 5 亿克朗总资产的大型公司，除了制造著名的军用材料及火药外，它还制造其他化工产品和医药材料，这些都是诺贝尔安排的。

诺贝尔在博福斯工作的时候，总有一种回到母亲怀抱的感觉。

诺贝尔之死

两位最信任的人

1893 年，诺贝尔聘请了一位年仅 23 岁的瑞典化学工程师拉格纳·索尔曼担任他的私人助手。索尔曼学识渊博，温文尔雅，很快赢得了诺贝尔的高度信任。

索尔曼从斯德哥尔摩理工学院毕业后，曾于 1890 年至 1893 年间在美国一家公司下属的达那火药工厂担任化学工程师。1893 年夏，索尔曼应邀为芝加哥国际博览会举办瑞典展览馆奔忙。这年 9 月，他收到一份从斯德哥尔摩拍来的电报，让他去担任诺贝尔的私人助手。原来，这是他的一位亲戚史密特，还有他的中学同学也就是诺贝尔的侄子促成的。这两个人在诺贝尔面前极力举荐索尔曼，说他一定能成为得力的助手。于是，索尔曼来到巴黎的诺贝尔公馆。诺贝尔出门相迎，热情地接待了索尔曼。

这时的诺贝尔留给索尔曼的印象是这样的：大约 60 岁，中等身材，不够结实，面容刚毅，额头很高，浓眉，目光深邃。

到巴黎后，索尔曼接受的第一个任务是整理诺贝尔的藏书。藏书主要是科技方面的著作，还有法国、德国、瑞典和俄罗斯的文学作品。

索尔曼整理完藏书，又花了半个月时间清理了大量诺贝尔的私人案卷和技术档案，并为这些材料编了目录。后来，索尔曼随诺贝尔来到意大利圣雷莫实验室，开始做化学工程师的工作。

根据索尔曼的回忆，诺贝尔对年轻下属十分慷慨。1893 年 12 月初，索尔曼来到圣雷莫实验室后不久，诺贝尔提到了他从美国回瑞典的旅费。索尔曼告诉诺贝尔说:“我在芝加哥博览会期间，曾替瑞典一家晚报做过报道工作。因此，我是作为一名记者免费回到欧洲的。所以，我不需要任何补偿，不用报销船票。”诺贝尔听了，露出很惊奇的样子。一天后，诺贝尔给索尔曼一张 300 英镑的支票，并且说:“贝克特从英国迁到圣雷莫，我也给了他一张这样的支票。同样，你也必须收下它。”一天，当人造革实验初露端倪时，诺贝尔来到实验室，为酬劳助手的工作，从达那火药信托基金中给索尔曼和贝克特每人各 25 股。

诺贝尔对待年轻下属特别宽容，有一件事让索尔曼终生难忘。有一天，诺贝尔急于取得实验结果，亲自来到实验室等待。索尔曼在组装设备时一时粗心，致使沸腾的碱溶液飞溅到站在一旁的诺贝尔身上，诺贝尔慌忙离开实验室。诺贝尔走后，惊恐万状的索尔曼站在那里不知所措，一门心思等着被解雇了。但是，他一连等了好几天也不见动静。后来，诺贝尔别墅的佣人告诉他，诺贝尔带了一只小提箱出去办事，已经走了一星期了。等诺贝尔回来时，根本没提这件事。原来，他早已把这件事忘得一干二净了。

后来，由于工作需要，索尔曼回到瑞典实验室工作。这时，诺贝尔就通过电报和通信同他联系，及时了解实验进度，同时给予指导。

1896年4月6日，诺贝尔在寄给索尔曼的信中写道：“今年，我的健康状况相当不幸地给我增添了不少麻烦，因此很多应做的事情都被耽搁了。如能脱身，请来圣雷莫，比方说两个星期，来前请拍电报给我。”

4月底，索尔曼和他的妻子一起到了圣雷莫，受到诺贝尔的盛情款待。在圣雷莫住了四个星期后，由于博福斯的实验不能长期无人管理，索尔曼必须回去。诺贝尔依依不舍，希望他们能够再住一段时间。他对索尔曼说：“你是知道的，我几乎是把你当作年轻的亲属看待的。”诺贝尔感到在他的身边缺少真正爱他，并能够获得他信赖的人。诺贝尔还在圣雷莫公园为索尔曼一家建造了一座别墅，并亲自监督工程的进展情况。

诺贝尔在给朋友的一封信中写道：“有两样东西我从未借用过，那就是金钱和方案。但是，如果有人乐意赠送我像索尔曼先生那样健全的友谊，无论是谁，我将会十分感激地接受这种友谊。”金钱和方案这两样东西对诺贝尔来说是从来不缺的，他最缺少的正是人世间那种真诚的友谊。

1896年，诺贝尔同索尔曼一起度过夏天后，去了巴黎。他在10月25日写了一封信给索尔曼，信中说：“心脏病令我在巴黎至少还要待上一些日子，直到我的医生完全同意对我立即治疗为止。医生在处方中开了硝化甘油让我服用，这岂非命运的嘲弄。”

诺贝尔制造硝化甘油，是为了炸开矿山和铁路的脉络；而今医生让他服用硝化甘油，则是为了“炸”通他输血的脉络。

医药上用硝化甘油作血管扩张药，制成0.3%硝酸甘油片剂，服用后作用迅速，能治疗冠状动脉狭窄引起的心绞痛。硝酸甘油片不能吞服，而要放在舌下含服。这是因为吞服的硝酸甘油在吸收过程必须通过肝脏，在肝脏中绝大部分的硝酸甘油药效大大降低。而人的舌头下面有许多血管，医学上叫舌下静脉丛，硝酸甘油极容易溶化，当把它含在舌下时，溶化了的药物能直接进入血液，因此不但起效快，而且药效不会降低。但是，诺贝尔没有听医生的话，不肯服用硝酸甘油片剂。

他最后的一封信，是于 1896 年 12 月 7 日在圣雷莫写给索尔曼的。这封信像他健康时写的那样，谈的是一种新型硝化甘油火药，末尾的几句话是："不幸的是，我的健康状况再次恶化，连写这几行字都有困难。但是，一旦康复，我会尽快地回到我们俩都感兴趣的课题上。您忠实的朋友阿尔弗雷德·诺贝尔。"

在这封信里，诺贝尔的笔迹像往常一样清晰，容易辨认，看不出他当时正处于生命崩溃的前夕。这封未寄出的信，直到索尔曼在诺贝尔去世后赶到达圣雷莫时，仍然放在他的写字台上。

诺贝尔逝世后，索尔曼成为诺贝尔遗嘱的主要执行人。他不仅富于斗争精神，而且战胜了种种使诺贝尔遗愿险遭流产的巨大困难。

在索尔曼的努力下，终于在 1900 年创建了诺贝尔基金会。1936 年至 1946 年，索尔曼当选为诺贝尔基金会的常务董事。1948 年，索尔曼去世，享年 78 岁。诺贝尔奖能够顺利颁发，索尔曼功不可没。

诺贝尔另一位遗嘱执行人是里尔雅克斯特。1895 年春，诺贝尔认识了一位瑞典工程师，这就是鲁道夫·里尔雅克斯特。里尔雅克斯特的经历同诺贝尔颇有相似之处，他们都是移居国外的著名瑞典人。里尔雅克斯特看上去像是一个上等的英国绅士，而不像普通的瑞典人。他曾写信给诺贝尔，打算在瑞典建立一家公司，想求得诺贝尔的经济支持。他在信中写道："在法国和英国待了许多年后，我决定于40岁时回瑞典，以期获得比我在国外所希望的更稳定的立足点。我在一本《工程学》杂志上发现了一个新的研究方法：使用水银作为电解阴极来分解普通盐类。我认为这是一个很有趣的课题。……最主要的困难是如何筹到开办企业的必需资金。"

1895年5月，诺贝尔在斯德哥尔摩会见了里尔雅克斯特。里尔雅克斯特告诉诺贝尔说，他已经在斯德哥尔摩理工学院重复了这项实验，并且发现这一方法极有前途。他计划在瑞典西北部的本茨福什选择地点，开办企业。

就在诺贝尔在斯德哥尔摩会见里尔雅克斯特时，出现了一个小插曲。他俩正在讨论电解问题，兴味正浓时，著名银行家沃伦伯格——诺贝尔最好的朋友之一——专程前来同诺贝尔商谈重要的投资事宜。他在候客室里等了很久，却未见到诺贝尔。

事后，诺贝尔给沃伦伯格发了一封电报，在电报中说明了缘由，并一再道歉。沃伦伯格对诺贝尔的个性非常清楚，他并没有因这件事生气。他知道，诺贝尔最讨厌别人打扰他感兴趣的谈话。这也表现了诺贝尔对科学论题的一贯专注精神。

会谈的结果是诺贝尔同意对里尔雅克斯特的新公司投资10万瑞典克朗。后来，里尔雅克斯特继续同诺贝尔保持联系，诺贝尔深信在瑞典能够开创电化学工业。最终，诺贝尔打算在博福斯建一个他自己的电化学实验室。

诺贝尔非常信任里尔雅克斯特，他们在许多问题上都很合拍，尤其是对待外国人在瑞典一些公司中所持有的股权和担任公司董事这些问题上，他们同其他一些瑞典人的看法不一样。

诺贝尔经常夸奖里尔雅克斯特的语言才能，说他不仅能够用英语对话，而且英文写作也十分流利。

他们都对律师抱有不信任的态度，正如诺贝尔所说的："律师只懂得谋生，只会诱使人们去相信直线是弯曲的这类话题。他们的嗜好是算政治账。在这一方面，他们往往能够找到歪曲得足以令他们极度兴奋的每一件事。"

诺贝尔曾经为里尔雅克斯特提供极其理想的职位，但是里尔雅克斯特并没有听从诺贝尔的安排，因为他的兴趣在于他在本茨福什开始的事业。对于这一点，诺贝尔表示支持，并将里尔雅克斯特视为知己。

后来，诺贝尔在遗嘱中指定里尔雅克斯特为他的遗嘱执行人之一。里尔雅克斯特不负所托，与索尔曼联手将诺贝尔的遗嘱付诸实践，为人类文明做出了巨大的贡献。

站在时代的前列

1890 年，诺贝尔表示希望同瑞典生理学家就该领域内的一些研究课题保持联系。他还将母亲的遗产捐赠给瑞典的卡罗琳医学院，创设了"卡罗琳·安德里特·诺贝尔基金"，以便支持医学方面的实验研究，促进医学科学的发展。

卡罗林医学院一位年轻的生理学家约翰森得知诺贝尔的这一愿望后，很快同诺贝尔取得了联系。诺贝尔在给约翰森的信中说，他打算创办一所他自己的医学研究所，以便研究他极其关注的输血课题。诺贝尔在信中写道："如果此事可行，其结果是难以想象的。"

诺贝尔对医学有深刻的研究，他确信人体的病痛可以用由研究室通过实验研究出来的方法来医治。在实验室里，诺贝尔开始研究血液，并购置了大量医药研究器械。

后来，尽管这一尝试并未取得成功，但奥地利科学家兰德斯坦纳在 1900 年发现人类血型后，终于使输血成为可能。兰德斯坦纳因此在 1930 年荣获了诺贝尔医学奖。兰德斯坦纳说："这奖金中有一半是诺贝尔的功劳，是他引导我走上输血研究之路的。"

瑞典探险者安德烈从小热爱探险，长大后曾驾驶气球考察北极。他在 1896 年的首次尝试失败后，并不甘心，准备再战。由于探险资金短缺，他特地向诺贝尔请求资助。诺贝尔对安德烈的探险计划表示支持，赞扬他那大无畏的探险精神，并答应为他下一次飞行提供援助。诺贝尔对在场的人说："无论安德烈是否能够飞达目的地，还是只飞到半路，这项特别的工作本身就是一件创造性的功绩，它将产生新的思想和新的变革。在这方面，我要向他学习，为世界和平尽力。因为每一种新的发现都会在人类脑海中留下痕迹，而且世代相传，终将唤起新的文化思潮。"

诺贝尔始终站在时代的前列，其表现是多方面的。从 19 世纪 90 年代初期开始，诺贝尔就十分关注借助空中摄影的方法勘测地形和绘制地图。由于当时还没有出现在飞机上用照相机进行拍摄的方法，因此，诺贝尔建议采用气球或飞弹来实现这一目的。诺贝尔在逝世前四个月写信给他的助手说："我打算发射一只小型气球，让它携带降落伞、照相机、计时装置或定时熔丝。当这只气球上升到适当的高度时，它自动放气，或者同降落伞分离。接着，气球在下降过程中，照相机就拍下了大地的照片来。"

诺贝尔还清楚地预见到，未来的空中交通将不是通过气球或飞艇发展起来的，而是借助快速推进器推进的飞机。1892 年，诺贝尔写道："飞行使我感到兴奋，但我们一定不要以为靠气球就可以解决这个问题。鸟儿一旦高速飞行，它只需轻轻摇动双翼就能够克服重力。鸟儿能做到的事，人类当然也能做到。一只红雀3小时便能从巴黎飞到圣雷莫，我们必须拥有高速推进的浮筏。"十年后，诺贝尔的预言由美国莱特兄弟实现了。1903年，美国飞机发明家莱特兄弟设计了有史以来人类第一架有人驾驶的飞机，同年12月17日在基蒂霍克试飞成功。虽然这次试飞的飞行时间仅59秒，但却首次使人类的飞行梦想变成了现实。这对兄弟之所以成功，就是采用了诺贝尔所说的推进器。

1891年，诺贝尔同瑞典军事部门的一位发明家昂格上尉合作，研制了一种军用发射火箭。翌年7月，诺贝尔在英国取得了该项发明的临时专利。9月，昂格上尉到圣雷莫访问诺贝尔，两人签订了合作协议。协议内容除此项发明以外，还涉及其他发明项目。昂格上尉负责产品制造，诺贝尔负责产品开发和实验，以及申请专利的事宜。最后利润分成，诺贝尔为三分之二，昂格为三分之一。按照这份协议，这些发明一直继续到诺贝尔逝世都未能全部完成。后来，有关导弹制造的设计全部被人买走，并在德国作了进一步修改。有人说昂格火箭之所以对诺贝尔有如此重要的吸引力，正如人们所熟悉的空中鱼雷一样，不仅具有军事意义，而且能作船舰的安全装备。诺贝尔—昂格火箭就是两次世界大战中令人畏惧的V1和V2武器的前身。

与世长辞

进入90年代，诺贝尔的身体每况愈下。这主要源于两方面的原因：一是外因，一是内因。

先说外因：诺贝尔由于无烟硝化甘油火药，即混合无烟火药的发明，引起了很多国家的浓厚兴趣。英国化学家艾贝尔教授主动和诺贝尔交上了朋友，不料这却成了诺贝尔一生的遗憾。

1888 年，英国政府组建了一个火药委员会，负责调查新的发明，特别是对军用有影响的火药，并向国防部提出技术改良的建议。艾贝尔教授是这个火药委员会的成员，他以委员会的名义与诺贝尔联系，要求诺贝尔将他的火药发明配方完整、秘密地提交给火药委员会，胸无城府的诺贝尔连想都没想便照办了。毕竟英国是对火药需求量较大的国家，他和艾贝尔教授又是好朋友。

从 1888 年秋到 1889 年秋，诺贝尔先后向艾贝尔提供了混合无烟火药的配方、生产方法和样品的完整情报。诺贝尔申请专利权的配方是“用分量相同的硝化甘油和可溶硝化棉，加上 10%的樟脑”。

艾贝尔教授在研究这个配方后，认为具有挥发性的樟脑是一种不适宜的成分，诺贝尔随后提出用丙酮作为替代物的建议。艾贝尔又说不溶解的硝化棉比诺贝尔用的可溶性硝化棉要好得多，可溶性硝化棉的特性过于变化无常了。

此后，艾贝尔不再将进一步的活动情况通知诺贝尔，而是偷偷地在诺贝尔的配方的基础上研究改良型火药。这种火药用 58%的硝化甘油，37%的硝化棉，加上 5%的凡士林，用挥发性的有溶解力的丙酮合成胶质物，最后压成索状物，取名为“线状无烟火药”。

由于艾贝尔的声誉，这项“发明”立即在英国和其他几个国家登记了发明专利权。与此同时，艾贝尔还对诺贝尔的实验进展情况进行摸底。在国家委员会的推荐下，英国陆军和海军都采用了线状无烟火药，并且拥有使用它的独占权利。

当诺贝尔的英国火药公司取得诺贝尔的混合无烟火药专利权后，向英国国防部提供火药时，艾贝尔的剽窃行径终于暴露，线状无烟火药是怎样演变出来的也被世人看清楚了。诺贝尔的英国火药公司向艾贝尔提出抗议，并向英国法院提出控告，打算通过诉讼程序来解决问题。

1892 年，诉讼案首先在英国法院审理。1895 年，又被提交到英国上诉法院和贵族院。

这场诉讼案拖了很长时间，在英国引起了轰动。英国报刊对这个案件进行了详细的报道，并展开了广泛的辩论。不料，所有的英国法庭都驳回了诺贝尔公司的索赔要求，反倒勒令诺贝尔公司支付 28 万英镑的诉讼费。

但是，在案子的审理期间，诺贝尔的开创性工作被世人普遍了解了。此后，许多有影响的人士及自由撰稿人都对国防部和政府提出了尖锐的批评。

高等民事法官凯伊曾说过这样一段话："在这桩案件中，我不能不对原来的发明专利权持有者表示同情。相当明显的是，一个被允许爬到巨人背上的侏儒，能够比这位巨人本身看得更远些……诺贝尔先生搞出了一项伟大的发明，这项发明在理论上是卓绝的，是一项真正伟大的发明。之后，一位聪明的化学家得到了这项专利品的详细说明，仔细阅读之后，他发现实际上可以使用同样的物质，改用其中之一，就会产生相同的效果。遗憾的是，想从诺贝尔先生那里拿走发明专利权的价值，却是办不到的事情。"

诺贝尔的助手索尔曼也说："诺贝尔最痛苦的事情莫过于他对

艾贝尔的信任遭到背叛，这严重摧残了他的健康；特别是法院的判决取消了他作为发明家的成就，就更是雪上加霜了。”

在帝国化学公司诺贝尔部出版的《研究历史》中，对这场诉讼案提出了一项有启发性的看法：“现在，我们掌握了先辈们没有发现的秘诀。在 1892 年，他们没有纤维素分子大小不同的概念；也不懂得会有一些体积差别很大的分子出现，而不是只有少数几个特别的品种；他们不晓得溶解性是分子体积和氮含量影响的结果。诺贝尔和他的化学家们认识到第二种影响，这在他们那个时代就是先进的发现；按分子论的解释，是可以再一次申请这种火药的发明专利权的。”

面对英国政府自私自利、颠倒黑白的行为，诺贝尔悲愤至极。他说：“对于这场官司在金钱方面的损失，我可以不去在意，但却难以抑制我的极大厌恶……人们说‘牛奶洒了，哭也没有用’。但是，一个国家做了非常不公正的事情，却不能不使我产生憎恶的感情。一种健康的是非观，不应该是从民众上达于国王，而应该是从最高点向下传布才对。整个线状无烟火药诉讼的道德，正像哈姆雷特所预示的那样：国家法律中的某些东西已经腐烂了。”

当初，诺贝尔混合无烟火药的发明本是世界公认的好事，却在法国无端遭到迫害。如今，身心俱毁的诺贝尔在英国又遇到了这场灾难，这令他痛心疾首，万分沮丧。诺贝尔坚信“正义必胜”，但结果却使为正义而战的诺贝尔受到了沉重的打击。这场官司以诺贝尔败诉而告终，使诺贝尔大失所望。

英国方面根本无视诺贝尔的申辩，竟在世人面前明目张胆地做出了不公平的判决。诺贝尔闻讯后，气得怒火中烧，浑身发抖，简直都要爆炸了。从此以后，诺贝尔就像丢了亲生孩子一样，一直心情郁闷，食欲不振，烦躁不安，经常头痛。他常把湿毛巾围在头上，伏案读书、创作，想用这种方法让心静下来。常言道："忧能伤心。"一直处于忧郁状态的诺贝尔，本来就有病的心脏受到了严重的伤害。

再说内因：诺贝尔是个企业家，常年奔走于世界各地，建立工厂，发展事业，超负荷的工作量对于他的健康来说是有严重损害的。当时，最先进的旅行工具就是火车，火车车厢颠簸、摇晃、狭窄，诺贝尔称之为"我的活动牢房"。为了跑业务，诺贝尔经常利用铁路做长时间的旅行，搞得他心力交瘁。

诺贝尔生来身体就弱，成年后又得了胃病、心脏病和关节炎，经常是病魔缠身。而且，只要与硝化甘油打交道，就免不了要患头疼病，这是一种职业病。

硝化甘油与皮肤接触后，易经皮肤被人体吸收。少量吸入硝化甘油即可引起剧烈的搏动性头痛，常会恶心、心悸，有时会呕吐和腹痛，面部发热、潮红，会产生低血压、抑郁、精神错乱。

尽管这样，诺贝尔还是勤奋地工作。当别人劝他休息，保重身体时，他总是回答道："不劳动者不得食。"

就这样，在外因和内因交攻下，1896 年 10 月，诺贝尔的健康状况突然恶化。于是，他不得不从意大利赶到巴黎，请心脏病专家治疗。

在医生的精心治疗下，一个多月后，诺贝尔的病情渐趋稳定。征得医生同意后，他返回意大利，在圣雷莫别墅休养。

休养一段时间后，诺贝尔觉得心情好多了。这时，人们才把一个不幸的消息告诉他，打破了他好不容易得到的宁静。

原来，1896 年 8 月，诺贝尔的大哥罗伯特死于心脏病。至此，诺贝尔的亲人——父亲、母亲、两个哥哥和弟弟都先后离他而去。这令他极度悲哀，深感人生无常，并陷入了深思。

诺贝尔在给贝尔塔的信中说："你问我感觉好吗？不，不幸的是，感觉不太好，甚至还经常需要找医生看病。这不仅和我的习惯相反，而且与我的原则相悖。说得形象一些，我这个人没有心，而生理上却有颗心，这颗心有病了。"

病中，诺贝尔每天要就多项生意计划及复杂的化学处理写十几封信。

早在 1895 年 11 月 27 日，诺贝尔写下他最后的一份唯一有效的遗嘱。他知道，自己已经不久于人世了。他想："我的人生快要走到终点了。我的肉体从这个世界消失后，我仍想为人类和平与幸福作一些有意义的事。为此，即使奉献出我的全部财产也在所不惜。"他在谈到私人财产的继承问题时，曾说："我特别认为，大宗遗产不过是件阻碍人类才能发展的祸事。一个拥有财富的人只应将小部分财产付与和他有关系的人。至于子女，如果除去必需的教育费用，另外还留给他们许多钱财，我认为是错误的，这不过是在奖励懒惰。这样做的结果，将会阻碍自己的子女发展他们个人的独立才干。"

诺贝尔在遗嘱中说：

> "我将我的全部财产，以下列方法处理。遗嘱的执行人须把遗产投资于可靠的有价证券，作为基金。将基金的利息作为奖金，每年赠予上一年度对人类有极大贡献的人士。
>
> 为此，设立五个方面的奖项：
>
> 1. 物理学奖

2. 化学奖

3. 生理学、医学奖

4. 文学奖

5. 和平奖

1、2 两项奖由瑞典科学院选定；第 3 项由瑞典斯德哥尔摩卡罗琳医学研究会选定；第 4 项由斯德哥尔摩文学学士院选定；第 5 项由挪威议会选出的 5 人委员会选定。

上述各个奖项，不分国籍，只要符合条件的人一律赠予。

1. 物理学奖奖给在物理学方面有最重要发现或发明的人；

2. 化学奖奖给在化学方面有最重要发现或最新改进的人；

3. 生理学、医学奖奖给在生理学和医学方面有最重要发现的人；

4. 文学奖奖给在文学方面表现出了理想主义的倾向并有最优秀作品的人；

5. 和平奖奖给为国与国之间的友好、废除使用武力做出贡献的人。

阿尔弗雷德·诺贝尔”

1896 年 12 月 10 日，诺贝尔在圣雷莫写信给他最亲密的助手索尔曼，谈的是一种新的硝化甘油火药，末尾的几句话是：“不幸的是，我的健康状况再次恶化，连写这几行字都有困难。但是，一旦康复，我会尽快地回到我们俩都感兴趣的课题上。您忠实的朋友阿尔弗雷德·诺贝尔。”

这封信笔迹清楚端正，看不出他正走向崩溃。但是，他却再也不能回到那个曾经使这位才气横溢、精力旺盛的人深感兴趣的题目上去了。这是他一生中最后一封信。在信中，诺贝尔表达了他对事业的眷恋和强烈的生存愿望。

但是，愿望终归愿望，病魔是无情的。就在诺贝尔写完这封信几小时后，他跌倒在书桌旁。仆人把他从书房抬到二楼卧室，并请来了医生。经医生诊断，他得的是脑溢血，致使大脑局部瘫痪了。

最后，虽经医生极力抢救，但还是无济于事。12 月 10 日凌晨 2 时，诺贝尔结束了非凡的一生，终年 63 岁。他一生中最后一封信，未能寄出，放在他的写字台上。

诺贝尔临终时，情景十分凄凉，正如他过去担心的那样，没有一个亲友替他合上眼皮，没有一个人在他耳边轻轻地说一句安慰的话。当诺贝尔的侄子，以及远在瑞典的索尔曼赶到意大利圣雷莫时，诺贝尔早已停止了呼吸。

12 月 17 日，瑞典牧师索德布罗姆——曾经是诺贝尔的生前好友，后来做了瑞典的大主教——在诺贝尔别墅主持了追悼仪式。短暂的告别仪式之后，铺盖着鲜花的灵柩被运送回国。

12 月 29 日下午，按照诺贝尔的遗愿，在斯德哥尔摩古老的路德教堂里举行了庄严肃穆的葬礼。瑞典公民无不前来瞻仰诺贝尔的遗容。瑞典知名人士、诺贝尔国外企业的经理全都出席了葬礼，为诺贝尔送行。灵柩周围，摆满了各界人士敬送的花圈。

葬礼结束后，灵车在高擎火炬的骑手的引导下，缓缓驶向斯德哥尔摩北面的火葬场。火化后，诺贝尔的骨灰安葬在斯德哥尔摩近郊的北方公墓。

1897 年 1 月 2 日，瑞典一家报纸公布了诺贝尔遗嘱，立即引起了瑞典国内外的极大轰动。诺贝尔在遗嘱中把他那庞大的财富作为基金，把利息作为奖金，奖给那些为人类做出巨大贡献的人。

诺贝尔虽然走了，却给这个世界留下极为宝贵的东西。他曾拥有数以百计的工厂，在世界各地有355项发明，但他一生未娶，也未留下任何子女。他将200万克朗留给了一些亲戚，给基金会留下了3100万克朗，这相当于1.6亿欧元。

这些钱被瑞典的管理人精心投放到巴黎和纽约的股市上，从而使得每年的获奖者都能得到一笔丰厚的奖金，仅以2003年为例，每位获奖者可得到140万左右欧元的重奖。

1901年，在诺贝尔长眠五年后的12月10日，于斯德哥尔摩和奥斯陆举行了第一次诺贝尔奖颁奖仪式。

从1901年开始，奖金在每年的12月10日，即诺贝尔逝世周年纪念日，以隆重的仪式在斯德哥尔摩宽敞的音乐厅里颁发，其中的和平奖于同一天在奥斯陆挪威国会所召集的会议上颁发。

诺贝尔奖是诺贝尔留在世界人民心中的无形纪念碑，自从诺贝尔去世后，一百多年来，诺贝尔奖一直是举世公认的最高科学奖项，获得它是极大的荣誉。一年一度颁发的各种诺贝尔奖对全世界的科学发展起着巨大的推动作用。